# 城市轨道交通车站客流行为特征与管控

孙立山　姚丽亚　编著
任福田　主审

人民交通出版社股份有限公司
北　京

## 内 容 提 要

本书围绕城市轨道交通车站客流，对客流行为特点、客流冲突行为机理及高密度客流管控措施等进行了全面、系统的介绍。全书共七章，包括：绪论、高密度客流的分类与行为特点、高密度客流行为调查与分析方法、正向冲突客流行为机理、交叉冲突客流行为机理、瓶颈处密集客流行为机理、高密度客流管控策略。

本书可供交通规划与设计、交通运营管理领域从业人员参考。

### 图书在版编目(CIP)数据

城市轨道交通车站客流行为特征与管控／孙立山，姚丽亚编著. — 北京：人民交通出版社股份有限公司，2023.1

ISBN 978-7-114-18278-5

Ⅰ.①城… Ⅱ.①孙…②姚… Ⅲ.①城市铁路—铁路车站—客流量—研究 Ⅳ.①U239.5

中国版本图书馆 CIP 数据核字(2022)第 194977 号

Chengshi Guidao Jiaotong Chezhan Keliu Xingwei Tezheng yu Guankong

| | |
|---|---|
| 书　　名 | 城市轨道交通车站客流行为特征与管控 |
| 著 作 者 | 孙立山　姚丽亚 |
| 责任编辑 | 李　晴 |
| 责任校对 | 赵媛媛 |
| 责任印制 | 刘高彤 |
| 出版发行 | 人民交通出版社股份有限公司 |
| 地　　址 | (100011)北京市朝阳区安定门外外馆斜街 3 号 |
| 网　　址 | http://www.ccpcl.com.cn |
| 销售电话 | (010)59757973 |
| 总 经 销 | 人民交通出版社股份有限公司发行部 |
| 经　　销 | 各地新华书店 |
| 印　　刷 | 北京虎彩文化传播有限公司 |
| 开　　本 | 720×960　1/16 |
| 印　　张 | 11.75 |
| 字　　数 | 168 千 |
| 版　　次 | 2023 年 1 月　第 1 版 |
| 印　　次 | 2023 年 1 月　第 1 次印刷 |
| 书　　号 | ISBN 978-7-114-18278-5 |
| 定　　价 | 78.00 元 |

(有印刷、装订质量问题的图书，由本公司负责调换)

# 前言

随着社会经济的快速发展和城市化进程的加快,城市轨道交通以其运量大、速度快、延误低等优势,成为我国大中城市居民出行的主要交通方式,一定程度上解决了居民出行难的突出问题,并在缓解城市交通拥堵、大气污染中发挥重要作用。

快速增长的客运量给城市轨道交通的安全运营带来了一定的风险。在城市轨道交通车站有限的空间内,客流密度高,乘客的类型、出行目的等存在差异,导致车站内部客流组成复杂。流向不同的客流交织,严重影响乘客的通行效率和舒适感,同时存在安全隐患。因此,在大力发展并建设城市轨道交通的同时,有必要系统深入地研究城市轨道交通车站高密度客流的行为特征、客流冲突的行为机理与管控措施。

在城市轨道交通系统快速发展的大背景下,如何分析车站客流特征、掌握高密度客流中行人的运动特性,以及不同类型客流冲突的内在机理,进而对城市轨道交通车站高密度客流进行合理管控,以提高乘客的通行效率、完善客流组织、优化站内设施布局,都是交通运输系统规划、设计与运营管理者面临的重要课题。本书围绕城市轨道交通车站客流,对客流行为特点、客流冲突行为机理及高密度客流管控措施等进行了全面、系统的介绍。本书可供交通规划与设计、交通运营管理领域从业人员参考。

本书中对各类行人流的建模与机理分析主要建立在行人试验等的基础之上。虽然本书力求阐述清楚城市轨道交通车站客流的基本知识,并对城市轨道交通车站不同客流冲突类型的中微观特征进行详尽分析,但由于试验数量和条件所限,所得结论并不能适用于全部行人流冲突现象,仅希望书中内容能够为交通规划与设计、交通运营管理领域从业人员提供借鉴和参考。此外,书中还融入了当前城市轨道交通车站客流研究领域的新技术和新进展。

本书由北京工业大学孙立山、北京理工大学姚丽亚编著。具体分工为:第一、二章由孙立山编著;第三章由姚丽亚编著;第四章由北京工业大学魏中华编著;第五章由北京工业大学孔德文编著;第六章由北京工业大学许琰编著;第七章由北京物资学院白紫熙和北京市经济社会发展研究院袁广编著。孙立山课题组罗薇、赵鹏飞、崔丽、郝思源、王欣桐、孟飞、张康宇、刘伊娜等参与了部分内容的文字编写和绘图工作。全书由北京工业大学任福田教授主审。

书中若有差错和不当之处,敬请读者指正。

编著者

2022 年 5 月于北京

# 目录

第一章　绪论 ················································································ 1
　第一节　城市轨道交通车站高密度客流的界定 ·································· 1
　第二节　高密度客流的研究进展 ···················································· 3
第二章　高密度客流的分类与行为特点 ················································ 11
　第一节　城市轨道交通车站的分类与组成 ········································ 11
　第二节　高密度客流的分类 ························································· 15
　第三节　客流密度的影响因素 ······················································· 17
　第四节　高密度客流特征规律 ······················································· 21
第三章　高密度客流行为调查与分析方法 ············································· 33
　第一节　问卷调查法 ·································································· 33
　第二节　现场观测调查法 ···························································· 37
　第三节　视频采集识别法 ···························································· 38
　第四节　行人试验分析法 ···························································· 39

| 第五节 | 仿真建模及分析法 | 42 |

## 第四章　正向冲突客流行为机理　54

| 第一节 | 正向冲突客流概述 | 54 |
| 第二节 | 正向冲突客流行为特征调查 | 57 |
| 第三节 | 正向冲突客流仿真建模 | 64 |
| 第四节 | 正向冲突客流基本特性 | 73 |
| 第五节 | 正向冲突客流微观行为特性 | 75 |

## 第五章　交叉冲突客流行为机理　89

| 第一节 | 交叉客流冲突的定义及分类 | 89 |
| 第二节 | 交叉冲突客流行为特征调查 | 93 |
| 第三节 | 交叉冲突行人运动特性分析 | 104 |
| 第四节 | 交叉客流冲突特性分析 | 109 |

## 第六章　瓶颈处密集客流行为机理　114

| 第一节 | 城市轨道交通瓶颈概述 | 114 |
| 第二节 | 瓶颈处客流行为调查 | 124 |
| 第三节 | 瓶颈处客流行为仿真建模 | 133 |
| 第四节 | 瓶颈处密集行人行为特性 | 139 |

## 第七章　高密度客流管控策略　143

| 第一节 | 管控策略总体原则 | 143 |
| 第二节 | 客流管控一般性策略 | 145 |
| 第三节 | 交叉冲突客流管控策略 | 159 |
| 第四节 | 瓶颈处密集客流管控策略 | 165 |

参考文献　172

# 第一章

# 绪论

## 第一节　城市轨道交通车站高密度客流的界定

### 一、客流的定义

客流是指一定时间内乘客根据出行需要在空间范围内的流动。对于城市轨道交通车站而言,客流包括城市轨道交通车站内上下车和换乘的乘客以及经由不同出入口、收费区进出站的乘客。作为城市轨道交通网络中的关键节点,城市轨道交通车站担负着乘客乘降和换乘客流衔接的双重职能,极易形成高密度、高流量的"双高"客流现象。

### 二、高密度客流带来的危害

在城市轨道交通网络快速发展的同时,日益增长的城市轨道交通客流量与容量有限的城市轨道交通车站之间的供需矛盾愈加突出,高密度客流随之产生。客流密集现象严重降低了乘客的舒适感,一旦发生事故,不仅影响轨道网的安全运营,而且极易造成重大的群死群伤事故。由于客流密度过大带来的轨道运营事故屡见不鲜。

1999年5月30日,白俄罗斯明斯克有超过2500人正在参加一场户外摇滚音乐会,天上突然下起了冰雹,大量观众为了躲避冰雹涌进了附近的尼阿米亚地铁站,与出站客流发生交通冲突,几分钟内迅速演变为踩踏事故,造成53人死亡,250多人受伤。

2008年3月4日,北京东单地铁站5号线换乘1号线通道内,载着百余名乘客的水平电动扶梯突然发出异常响声,乘客纷纷逆向逃离。这一突发情况导致部分乘客摔倒,恐慌的乘客发生踩踏,造成至少13名乘客受伤。

由城市轨道交通车站过度拥挤引发的事故还会导致事故发生站所在线路暂时停运,对其他乘客的出行甚至城市轨道交通线网运营带来较大影响。

### 三、高密度客流的定义

客流密度是指在某一瞬时单位面积内的乘客数量,通常以用人/$m^2$为单位。现已有国内外学者对客流密度、服务水平分级进行界定。如国外有学者分析整理认为,当人口密度小于0.54人/$m^2$时,人们可以自由活动;当人口密度超过3.8人/$m^2$时,则移动较困难;当人口密度为0.54~3.8人/$m^2$时,密度和人员移动的速度呈线性负相关关系。表1-1为北京交通大学胡清梅对城市轨道交通车站通道内、楼梯内及站台候车区的服务水平划分。

城市轨道交通车站设施服务水平划分    表1-1

| 服务水平分级 | 通道内 | | 楼梯内 | | 站台候车区 | |
| --- | --- | --- | --- | --- | --- | --- |
| | 密度(人/$m^2$) | 人均空间($m^2$/人) | 密度(人/$m^2$) | 人均空间($m^2$/人) | 密度(人/$m^2$) | 人均空间($m^2$/人) |
| A | <0.26 | >3.85 | <0.43 | >2.33 | <0.61 | >1.52 |
| B | 0.26~0.47 | 2.13~3.85 | 0.43~0.82 | 1.22~2.33 | 0.61~0.85 | 1.19~1.52 |
| C | 0.47~0.73 | 1.37~2.13 | 0.82~1.29 | 0.78~1.22 | 0.85~1.24 | 0.76~1.19 |
| D | 0.73~1.19 | 0.84~1.37 | 1.29~1.76 | 0.57~0.78 | 1.24~2.11 | 0.55~0.76 |
| E | 1.19~1.89 | 0.53~0.84 | 1.76~2.79 | 0.3~0.57 | 2.11~3.78 | 0.29~0.55 |
| F | >1.89 | <0.53 | >2.79 | <0.36 | >3.78 | <0.29 |

表 1-2 为《公共交通通行能力与服务质量手册》对公交设施步行通道服务水平的规定。结合对于城市轨道交通客流密度现状的调研,编者认为城市轨道交通车站客流的服务水平为 C~F 级时为高密度客流。

通道服务水平划分　　　　　　　　表 1-2

| 服务水平分级 | 行人流量 [人/(min·m)] | 状态描述 |
| --- | --- | --- |
| A | <23 | 行人按照期望路径行走,行走速度自由选择 |
| B | 23~33 | 行人开始察觉到其他行人的存在,并根据他们的存在选择行走路径 |
| C | 33~49 | 有足够的空间用于正常的步行速度或绕过同向行人中的其他行人 |
| D | 49~66 | 个人可以自由选择步行速度,绕过其他行人受到限制,行人之间很可能发生摩擦和相互影响 |
| E | 66~82 | 步行速度受到限制,且必须调整步伐,人流停停走走或出现阻塞 |
| F | >82 | 步速严重受限,只有靠推搡才能够前进,人流处于间歇的不稳定状态 |

## 第二节　高密度客流的研究进展

### 一、高密度客流特性研究概况

自 20 世纪 50 年代末 B. Hankin 等首次提出行人交通流理论后,各国学者围绕不同交通环境下的行人交通行为特性等方面展开了持续、深入的研究。

1. 行人交通流特性

行人的交通流特性通常通过客流的流量、速度、密度以及行走轨迹等参数进行度量和表征。

北京交通大学胡清梅等通过总结国内外学者在公共环境下的客流行为特性发现,对客流行为的研究主要集中在交通流三参数,即速度、密度和流量上,但对于影响客流行为的因素研究得较少。东南大学何流以客流为研究对象,研究客流的宏观特性:速度、流量、密度三参数关系和自组织现象以及其他行为特性,分析并绘制出相应的关系图,发现城市轨道交通出行客流对步行环境的要求较高。同济大学廖明军从宏观和微观两个方面解析客流交通特性,引入心理和行为科学因素,重点分析客流的流量、密度、速度三参数关系,以及售票服务设施的时间分布规律、乘客平均时距、平均间距等。马云龙等针对客流特性对步行行为的影响,分析了不同性别、年龄乘客的步速、步幅和步频的显著特性,为步行设施的规划设计提供参考价值;Lam 对不同步行设施上的客流特性开展了研究,发现室外乘客行走速度比室内乘客行走速度快。

美国《道路通行能力手册》汇总了大量学者的研究结果,给出了不同设施的通行能力与服务水平;Teknomo 利用图像处理数据采集系统得到客流平均速度为 $1.38m/s$、平均加速度为 $0.68m/s^2$,基于此开发了一套微观行人仿真模型模拟微观客流行为,并进行了有效性验证。Gupta 等研究了高峰时段客流特征,对乘客的年龄、性别和是否带行李状况进行了评估,分析速度-密度、流量-密度、流量-速度和流量-空间之间的关系,构建了客流行为模型,并进行了模型间的对比分析。Vanumu 等在火车站等场所模拟紧急情况下的客流疏散状况,解析乘客的运动,从而准确评估客流设施服务水平,以更好地服务于设施优化和布局。针对城市轨道交通基础设施的设计和管理,Patra 等深入分析了乘客交通特征的变化,得到乘客在楼梯行走的速度比在通道内要高、年轻人的步行速度比中年人高等结论。

2. 客流行为状态识别

国内对于客流状态的识别研究主要集中在行为模型及相关检测算法和软件的开发方面。西安交通大学文清华运用系统工程方法,借助计算机软件实现了对视频中人流参数的自动识别。谢征宇等以客运枢纽内乘客活动为对象,在借鉴国内外相关研究成果的基础上,开展客流安全状态分析与建模研究,开发了客运枢纽客流安全状态识别与预警仿真软件。北京工业大学陈宁对城市轨道交通通道客流异常事件进行研究,提出了一种适应近景倾斜视角的通道客流自动检测技术;汪瑞琪利用元胞自动机空间划分理念,提出了客流集散状态下形态、能力和拥堵瓶颈3种静态识别方法,并以实际站点验证了该方法的可靠性和适用性。基于图像识别与图像分析方法,郭帅等设计了一种公交车客流状态实时监测反馈系统,实现了人脸特征检测、人数统计、实时反馈的功能。重庆交通大学张清泉设计出了一套城市轨道交通客流预警系统,并从时间、空间和时空3个角度分析了城市轨道交通客流特征。

国外对于客流状态的识别研究主要聚焦在行为相关数学模型的构建方面。Lighthill和Whitham首次采用一阶连续介质模型识别了交通激波的存在。Hoogendoorn和Daamen基于乘客轨迹数据对客流微观模型——沃克模型进行了参数修正,进而对乘客的参数以及状态进行识别,为研究客流行为、特征参数提供了依据。Tomoeda等在佩恩模型的基础上提出了一种新的一维可压缩交通流流体模型,该模型核心引入密度制约的反应时间函数。Stanitsas则针对高占用车道模拟验证了激波的传播过程,基于一维运动方程建立运动学激波传播模型,得到了激波传递长度,并与实际观测到的激波长度进行比较,验证了其有效性。Tu等研究了城市轨道交通客流拥挤风险的动态识别方法,建立了基于灰色聚类的客流拥堵风险评价模型,实现了对城市轨道交通车站的不同时间段客流拥堵风险水平动态识别,并验证了该方法的有效性。Ozumi等开发了一种基于激光技术的客流跟踪系统,在系统上安装激光传感器,观察客流的流动变化,从而分析出高峰时段的拥堵程度、客流密度随时间序列的变化以及缓解拥堵所需要的时间。

3. 客流行为状态分析

国内外对客流状态的分析研究主要是针对单一行为现象,选择特定的场景,利用软件及模型,实现状态特性的分析。

张培红等通过对校园特定时间段内行人运动状态的观测,总结分析了人员流动速度和疏散通道出口流动系数与人员密度、年龄、性别等因素的关系。北京交通大学胡清梅分析城市轨道交通客流在平直通道中速度和密度的数量关系,利用仿真实验研究了单向客流中通道的瓶颈大小与通行能力的关系。北京交通大学张驰清分析了交通行为对客流速度的影响,建立了不同设施处的速度、密度关系模型。广东工业大学刘雪琴基于交通一卡通大数据的公交客流,建立了多元线性回归模型,并采用实例验证多元线性回归模型具有较高的预测精度,能够快速准确地预测出线路时段客流状态。西南交通大学李意分析了城市轨道交通车站火灾条件下的疏散客流状态,并基于 Anylogit 行人仿真软件建立火灾疏散模型刻画客流疏散状态。针对部分道路关闭导致的激波现象,孙晓燕等采用平均场理论分析和确定性 NS 元胞自动机规则分别对建立的交通流模型进行了解析和数值模拟验证。

德国著名物理学家 Helbing 研究了乘客在通过走廊、瓶颈区域、客流交织处时的交通试验录像,分析数据发现乘客步行设施的几何边界与其通行能力有关。Zaki 和 Sayed 采集了温哥华市的一个中等密度的人行横道视频数据,开发了自动化的计算机视觉跟踪技术,实现了对乘客运动行为的标定,为研究群体行为和避碰机制提供了理论支撑。Lee 等以大学走廊视频为基础,从实证研究的角度量化乘客交通行为,并将其应用在了行人仿真模型中,从性别、群体规模对步行速度、运动轨迹变化和间距的影响的角度,验证了环境对客流行为的影响。Kwon 提出了在交通拥挤的狭窄街道行人交通导流原则,并以东京火车站周围 15 条街道的行人为研究对象,分析了客流微观参数以及路口选择机理。荷兰 Delft 理工大学 Hoogendoom 和 Daamen 在行人交通实测的基础上建立了微观的 NOMAD 模型和宏观的 SIMPED 模型,研究行人的自组织现象、斑纹现象;Seyfried 和 Steffen 则在研究客流轨迹的基础上,引入泰森多边形模型来研究瓶颈之前的客流密度随时间波动变化关系。

综合而言,国内外学者在高密度客流特性研究中对行人的行为特性、客流现象的识别和分析等方面已开展了较为详尽的研究工作,并取得了一定的成果。在行人交通流特性研究方面,主要以行人交通理论为基础,研究客流的速度、流量、密度三参数关系和自组织现象以及其他行为特性。基于心理和行为科学因素,研究不同年龄、性别等个体属性的乘客行走特性。由于行人行为具有较强的智能性、复杂性,现有的客流状态识别方法以数值模拟、数学模型以及微观仿真等手段为主,对于客流状态的分析也主要针对单一行为现象,选择特定的场景进行研究。

**二、高密度客流冲突行为研究概况**

自 Henderson 首次将流体动力学模型引入到拥挤行人流的研究中,并运用 Navier-Stockes 方程出色地完成了对拥挤行人流的比较测量以来,高密度行人冲突现象即受到国内外学者的广泛关注。

早期的研究方法主要是通过人工观测真实的高密度冲突过程,获得冲突客流的各项特征参数。由于冲突过程的短暂性和多变性,直接观测的方法难以满足数值模拟中对微观流体动力学参数的要求。近年来,国内外学者开始采用视频录像、激光探测和红外探测等先进的试验方法,捕捉更为真实的行人流体动力学特性。清华大学史其信课题组提出了基于视频采集和处理技术的混合交通流轨迹线确定方法。同济大学吴娇蓉课题组采用视频处理技术分析了检票闸机处的客流特性。

在获得冲突客流的流体动力学特征参数的基础上,需要构建数值模型来合理表达高密度冲突客流的时空变化要素。各国学者在构建高密度交织客流的数值模拟模型方面做出了卓越的创新性工作。

自 20 世纪 90 年代以来,基于网格原理的各类数学模型不断涌现,并朝着网络化、随机化和实时化的方向发展。国内外学者在以元胞自动机为代表的各类网格模型及其扩展模型的行人流仿真分析方面开展了广泛而深入的研究。如广西大学薛郁课题组、北京交通大学邵春福课题组等均在基于网格模型的行人流仿真分析方面取得突出进展,较好地模拟了拥挤人群的集散行为。

近几年来,无网格法以新颖的数值思想及先进的数值技术,得到了行人流领域学者的认可和关注。无网格法直接基于节点结构近似,完全抛开网格重构,保证了计算精度,被认为是数值模拟研究未来的发展方向,成为数值模拟的研究热点之一。目前应用于行人流特性领域的无网格模型主要有 Okazaki 提出的磁场力模型和 Helbing 提出的社会力模型。其中,社会力模型相对更能反映行人流的特性,因而获得了较大的研究进展。

Helbing 针对网格法在模拟人群运动交互作用中的不足,改进了其 1995 年提出的社会力模型,并对房间内行人的疏散特性进行了研究。此后,北京航空航天大学黄海军课题组进一步验证了连续质子模型描述行人流个体结构的可行性。Johansson 在连续模型的框架下详细分析了行人间的相互作用,为社会力模型拟合规则的建立奠定了基础。清华大学陈涛课题组、北京交通大学韩宝明、方卫宁课题组,北京化工大学郑小平课题组等亦分别从不同角度进一步发展和完善了社会力模型,并在火灾疏散、大型活动疏散等高密度行人交织环境中进行了成功应用。

尽管数值模拟技术在行人研究领域应用已较为成熟,但是因其不能反映人的主观能动性,试验结果可能存在一定偏差。而行人可控试验可以有效地解决这一问题。同时,相对于实际观测方法,行人试验可通过影响因素可控的场景试验高效获取更精准的行人行为数据。基于以上优势,部分研究学者开展了行人试验,运用视频技术对采集的试验视频进行处理,进而获取交叉客流微观特性参数。宋卫国采用行人可控试验模拟了试验者佩戴红帽子行走的楼梯疏散试验,从视频录像中提取红色像素值,获得行人的位置和轨迹,进而分析行人运动速度。姚平福设计行人运动时空参数采集系统,监测每一时间节点行人个体的运动位置,以获取人群中行人个体的运动行为参数。

总体而言,从单一的行人观测到通过场景再现方式开展可控试验定量研究客流变化特征,随着计算机模拟技术的成熟,基于数学模型进行反复的定量数值模拟,高密度客流冲突行为特征的研究方法实现了多元化。通过以上几种方法,国内外学者在客流冲突的宏观特性、微观特性研究方面获得了较为丰富的成果,对城市轨道交通的客流组织优化和安全性提升具有十分重要的理论价值和实际意义。

### 三、客流瓶颈研究概况

随着城市轨道交通网络结构渐趋复杂,客流需求与运能供给的矛盾也愈加突出,因此,对于客流瓶颈形成原因及制定缓解策略的研究也逐步兴起。

Hoogendoorn 等进行了瓶颈处的行人可控试验,通过提取行人的运行轨迹,研究了瓶颈处行人运动的分层效应、摆动效应和拉链现象。Daamen 等通过视频图像处理的方法提取了行人在疏散场景中的运动特性参数,并对狭窄瓶颈处的人员疏散运动特性进行了细致分析,获得了在人员密度饱和的情况下,人群在瓶颈处的微观运动参数,得到了疏散人群在瓶颈上游的行走规律和空间使用特征等。Liddle 等研究了行人在瓶颈处的运动轨迹,对队列形成的现象和规律进行了解析。

宋卫国、刘轩、Seyffied 等开展了紧急情况下的瓶颈客流疏散试验。通过图像处理方法对试验视频中的行人轨迹进行提取和分析,发现了行人在运动过程中的一些特有现象,并在行人速度、密度基本图、运动左右摇摆频率以及幅度等方面得到了与其他研究者较为一致的研究结论。田伟通过行人可控试验对建筑瓶颈中的分层现象进行了研究,发现行人流率随着瓶颈宽度的增加呈现一定的上升趋势。史贺旺在修正了社会力模型后,对穿越瓶颈的行人流进行了仿真实验,结果表明,在双向行人流穿越瓶颈时,瓶颈出口越窄,墙的宽度会导致行人疏散时间的波动越剧烈。

总体而言,当前在瓶颈形成及瓶颈处客流行为特征方面已开展了大量深入的研究工作,并取得了阶段性成果。目前的主要方法是基于行人试验以及行人在瓶颈处的视频数据，分析瓶颈的形成机理，提出基于拥堵特性的客流拥堵自动识别算法，构建瓶颈识别指数模型，得到瓶颈处行人行走的规律和空间使用特征。但整体而言，针对城市轨道交通车站高密度客流的分类专门研究和行为管控系统分析仍不多见。

# 第二章

# 高密度客流的分类与行为特点

## 第一节　城市轨道交通车站的分类与组成

### 一、车站的分类

城市轨道交通车站是乘客上下车、换乘的场所,也是列车到发、通过、折返或临时停车的地点。不同类型的车站在城市轨道交通中所起的作用、所占用的土地面积、对市民出行的影响、对换乘组织的方案设计及建设资金和建设周期的要求等均有不同。一般可按下列依据对城市轨道交通车站进行分类。

1. 按运营功能不同分类

可分为终点站、中间站、折返站和换乘站。图 2-1 为不同运营功能的城市轨道交通车站示意图。

2. 按是否具有站控功能分类

可分为集中控制站和非集中控制站。

3. 按站台形式分类

可分为岛式站台车站、侧式站台车站和岛侧混合式站台车站,如图 2-2 所示。

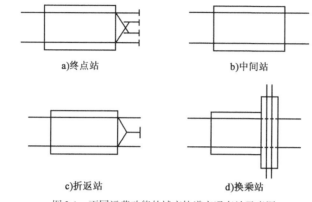

图 2-1　不同运营功能的城市轨道交通车站示意图

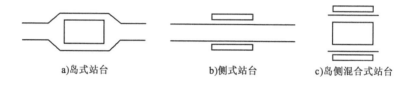

图 2-2　不同站台形式的城市轨道交通车站示意图

(1) 岛式站台

车站只有一个站台,且位于上、下行车站正线中间。

(2) 侧式站台

车站有两个站台,且分别位于上、下行车站正线外侧。

(3) 岛侧混合式站台

车站同时设置岛式站台与侧式站台,如一岛两侧或一岛一侧,成为混合式站台。

4. 按是否有人管理分类

可分为有人管理车站和无人管理车站。

5. 按线路敷设方式分类

可分为地下车站、高架站和地面站。图 2-3 为不同线路敷设方式的城市轨道交通车站。

a)地下车站　　　　　　　　　b)高架站

c)地面站

图 2-3　不同线路敷设方式的车站

6. 根据客流来源分类

可分为周边服务型、两侧拓展型、轴向延伸型和发散放射型。

(1) 周边服务型

车站周边用地开发成熟度较高,用地类型一般以商业办公或商业办公与居住的混合形态为主,周边路网密度高,支路密集。

(2) 两侧拓展型

车站周边用地开发程度较低,以居住用地为主,远离城市核心区的车站也可能以产业用地为主或兼有居住与产业用地,周边道路以主、次干路为主,缺乏支路。

(3) 轴向延伸型

车站周边用地开发较成熟,以居住、商业用地为主,路网较发达,但可能会受到高等级道路的阻隔。

(4) 发散放射型

一般位于线路末端,车站周边用地以居住和产业园用地为主,周边道路以高等级道路为主,次干路、支路缺乏。

## 二、车站的组成

城市轨道交通车站一般由出入口、站厅、站台和生产用房等组成,并通过通道、楼梯和自动扶梯等设施相连接。

1. 出入口

出入口是乘客由地面进入站厅或由站厅到达地面的通道。出入口的位置应满足城市规划、交通功能的要求,与客流进出主要方向一致,并尽可能与换乘枢纽、商场、办公楼、停车场等相连通。图 2-4 为某地铁站出入口。

图 2-4 地铁站出入口

2. 站厅

地下车站与高架车站的站厅通常划分为多个区域,包括乘客可自由进出、提供售票和商业服务的非收费区,乘客检票后才能进出的收费区,车站控制室、售票室等所在的作业管理区,以及机电设备及用房所在的机电设备区。图 2-5 为城市轨道交通车站的站厅。

3. 站台

站台主要是提供列车停靠和乘客候车、上下车使用的设施,如图 2-6 所示。

图 2-5　站厅　　　　　　　　　图 2-6　站台

站台长度按远期列车长度加上停车预留距离确定。站台宽度根据站台类型、高峰客流量、列车间隔时间和楼梯位置等因素决定。岛式站台宽度一般为 8~15m，侧式站台宽度一般为 3.6m。站台高度是指站台到轨面的距离。地铁、高技术标准轻轨的站台与车厢地板高度相同，成为高站台；低技术标准轻轨的站台比车厢地板低几个台阶，成为低站台。

4.车站生产用房

车站生产用房主要分为作业用房、管理用房和设备用房 3 类。行车、客运作业用房包括车站控制室、售票室、广播室、问询处和休息室等。车站管理用房包括站长室、站务室、票务室、警务室和储存室等。各种设备用房包括通信、信号、自动售检票、变电、环控、屏蔽门、防灾和给排水等设备的用房。

## 第二节　高密度客流的分类

由于行人流的运动特征受到车站环境、管控措施等多种主观、客观因素的影响，城市轨道交通车站高密度客流可按产生原因、发生位置及行为特点等不同依据进行分类。

### 一、根据产生原因分类

城市轨道交通车站高密度客流可根据其产生的原因，分为可预见性高密度客流和不可预见性高密度客流。

1. 可预见性高密度客流

(1) 早晚上下班高峰时段引发的高密度客流

具有一定规律,其持续时间及客流量因不同城市有所区别,离住宅、办公、商业区较近的车站客流会在上下班时段呈现大幅上升的现象。

(2) 节假日高密度客流

节假日是旅游、购物的黄金时段,大批游客的到来以及市民在节假日期间出行购物、休闲等会使城市轨道交通客流大幅上升,特别是商业区或旅游景点附近的车站,客流的冲击会很大。例如,春节前后大批外地劳务人员返乡,将对铁路客运站和长途汽车站附近的城市轨道交通车站造成较大冲击,但春节期间的客流会相对稳定,不会有太大影响。

(3) 大型活动引发的高密度客流

城市轨道交通车站周边如有体育场、展览馆等,大型活动结束后,在短时间内会有大批的乘客涌入车站,给车站造成很大压力。此类活动多在周末举行,所产生的高密度客流的时间、规模等特点可以预见,其影响范围较小,通常对该活动地点附近的车站影响较大。

(4) 恶劣天气造成的高密度客流

当出现大雨、雪等恶劣天气的时候,地面交通受到较大影响,很多出行者会选择改乘城市轨道交通,造成车站客流普遍增大。此类客流对车站的短时冲击较大,列车比较拥挤。

2. 不可预见性高密度客流

不可预见性高密度客流主要是由于偶发因素导致的客流密度增大现象,例如城市轨道交通运营中发生紧急事件,如火灾、大面积停电、列车延误等造成的客流波动。此类客流的规模、时间长短等事先无法预测,规律性不明显,车站客流密度会在短时间内急剧上升。

## 二、根据发生位置及行为特点分类

城市轨道交通车站高密度客流可根据其发生的位置及行人的行为特点分为顺行压缩客流、正向冲突客流、交叉冲突客流及瓶颈冲突客流。

1. 顺行压缩客流

由于城市轨道交通车站内空间受限以及到达客流远远大于离去客流,导致客流密度沿着行走方向增大,主要发生在车站通道、楼梯等位置。

2. 正向冲突客流

当城市轨道交通车站客流量较大时,相向运动的两股行人流相遇,导致客流发生正向冲突,主要发生在站台、车站通道及列车门与候车区连接处等位置。

3. 交叉冲突客流

两股或多股行人流由于受到对向客流干扰而改变期望行进速度或方向,避免与对向行人流发生碰撞,导致客流产生交叉现象,主要发生在通道、换乘车站。

4. 瓶颈冲突客流

城市轨道交通车站行人流线中某个路段或设施处行人交通流量超过其通行能力时,会导致行经此处的行人行走速度降低,拥挤度增加,即产生瓶颈冲突客流,主要发生在自动扶梯、楼梯、检票机、设施连接处等。

## 第三节 客流密度的影响因素

城市轨道交通车站是乘客乘车、换乘的场所,也是列车到发、通过的地点。车站的位置、站内布局及车站中的主要设施设备、站内客流组织形式及其与其他交通方式的接驳方式等因素均对车站的客流密度起着决定性的影响。

## 一、站内设施布设

车站设备配置是影响城市轨道交通客流的重要因素之一。城市轨道交通车站主要解决乘客在该服务系统中的汇聚与疏解,具有很强的时效性。因此,城市轨道交通车站的设施布设应满足乘客所需的服务要求,即车站设备服务能力与乘客所需服务容量应匹配。

### 1. 乘降设备

乘客在进出站时,由于受到地面和车站平面高差的影响,通道无法满足正常乘客步行的需求,须在适当的位置设置楼梯和自动扶梯,同时在城市轨道交通两条线路之间的换乘中也涉及楼梯、扶梯类设施。楼梯、扶梯的位置、数量,以及其高度、宽度、运行速率等参数的设置,可在很大程度上影响站内客流密度。

### 2. 检票设备

检票设备包括自动售票以及半自动售票设备,设备通过能力以及数量、布设方案及布设位置对乘客的乘车速度以及进、出站速度具有极其重要的影响。如果检票设备的故障率高、工作效率低,就会造成乘客进出站拥堵、车站客流密度高。

## 二、候车空间规模

候车区是客流在车站内活动的主要场所,主要包括站台、乘客出入口以及换乘通道等设施。

### 1. 站台

站台可分为集散区和乘降区两部分。乘降区是靠近屏蔽门的区域,供乘客候车和上下车;集散区在站台中部,为下车乘客集散提供空间。站台的面积是城市轨道交通车站客流密度的影响因素之一,若面积过小,在客流高峰时段,就会导致上下车客流冲突,客流密度增高,站台拥挤严重。

## 2. 通道

城市轨道交通车站通道包括出入口通道和换乘通道。两种通道都存在单向和双向混行的形式,双向混行的通道形式对客流速度干扰较大。通道宽度也是限制客流通过能力的因素,若通道过窄,当大客流冲击时,就会导致通道内拥挤严重,通行速度较低,客流密度较高。

### 三、客流组织形式

客流组织是指在城市轨道交通车站遇到较大客流情况时的管理工作,具体包括站务组织、票务组织、行车组织等方面。需要对车站内部设施的位置和空间情况,以及某一时间段集中进出车站的客流量进行分析,从而制定出适合这一时段的进出站、上下车以及换乘的客流组织引导方案,避免由于大客流现象带来的不良影响。在进行客流组织方案制定时,若未能全面分析不同情境下的乘客出行特征,将会导致更为严重的行人冲突现象。

客流冲突是指乘客个体在行进过程中受到其他乘客干扰,改变自己期望的行进速度或方向,从而避免在行进过程中与他人发生碰撞的现象。现有研究结果表明,当发生行人冲突时,行人的行进速度通常会降低20%~30%,客流在冲突区的通行能力会降低20%~40%。客流冲突的频繁发生会导致站内局部客流密集,由此产生高密度客流,为客流组织和城市轨道交通运行带来安全隐患。

### 四、接驳方式选择

在城市范围内,城市轨道交通车站是各种交通方式汇合的节点。为了更好地发挥城市轨道交通作为城市交通大动脉的作用,需要其与其他交通方式(步行、自行车、常规公交、出租车、小汽车等)具备良好的接驳。城市轨道交通的接驳情况,对客流规模及车站服务水平的高低有着重要的影响。

1. 接驳成本

接驳成本对接驳方式的选择具有显著的负效应。目前许多城市在常规公交接驳城市轨道交通、共享自行车使用等方面都减少了出行者的成本，能够吸引乘客更多地选择绿色接驳方式。

2. 接驳多样性

城市轨道交通接驳需求的多样化不仅体现在交通需求上，还体现在服务需求和价值需求等上。除了接驳距离的影响外，不同文化背景、经济水平的出行者对于接驳方式的速度、舒适度等的要求不同，出行理念也完全不同。出行者对于城市轨道交通接驳的个性化追求决定了单一的接驳供给模式是难以适应发展需求的。多层次、多元化的接驳体系才能进一步满足城市轨道交通和城市发展的需要。

### 五、列车疏解能力

列车客流承载力包括列车行车间隔、满载率、列车编组数量、列车定员数，与列车运送进站客流量及列车运送出站客流量密切相关，而列车运送进出站客流量又会对车站客流密度产生影响。

列车客流承载力较大时，列车运送进站客流量较大，考虑到列车上已有部分乘客，由于列车转运能力有限，随着时间的增加，就会造成大量客流聚集在车站，车站客流密度增大。当聚集的乘客数量超过车站内部客流承载力时，就会发生滞留拥挤现象，严重时可能会造成安全事故。

### 六、周边土地利用

城市轨道交通车站与周边土地利用之间存在着相互影响、相互制约的一种循环互动反馈关系。城市轨道交通车站可以提高周边土地利用开发的结构与强度。反过来，车站周边土地开发的结构及强度也会影响车站的客流吸引量。当城市轨道交通线路能够转运的客流量达到最大值时，列车行车间隔会是现有行车组织模式下的最小值,若土地吸引客流量继续增长,就会造成滞留现象,从而使车站客流密度增高,服务水平降低,影响城市轨道交通运营。

## 第四节 高密度客流特征规律

### 一、个体乘客行为特点

1. 个体乘客行为基本参数

(1) 步行速度

步速是描述行人交通流状态的一个基本参数。参考道路交通领域对速度的定义,行人步行速度也可分为地点速度和区间速度(行程速度)。地点速度为行人通过某断面的瞬时速度。计算公式如下:

$$v = \frac{\Delta l}{\Delta t} \tag{2-1}$$

式中:$v$——行人的地点速度,m/s;

$\Delta l$——观测路程的长度,m,从地点速度的定义可知,$\Delta l$ 必须足够短,可由测量时间间隔进行控制;

$\Delta t$——测量时间间隔,m,不同的研究中的测度标准不一,文献[63]对不同需求下的速度测量间隔取值进行了系统研究。

此外,通过视频提取的乘客行为信息,主要是以时间和坐标为基础数据,这种情况下的地点计算速度如下:

$$v(n,t) = \frac{\sqrt{(p_{t+1,x}^n - p_{t,x}^n)^2 + (p_{t+1,y}^n - p_{t,y}^n)^2}}{\Delta t} \tag{2-2}$$

式中:$v(n,t)$——第 $n$ 个行人在时间 $t$ 的地点速度,m/s;

$t$——时间,s;

$p_{t,x}^n$ 和 $p_{t,y}^n$——第 $n$ 个行人在时间 $t$ 时刻 $x$ 行走方向坐标和 $y$ 行走方向

坐标；

$\Delta t$——测量时间间隔,s,一般可设定为0.5s。

而区间速度为行人走过某段路程的长度与行程时间之比。行程时间包括行走时间和中途停留时间两部分。区间速度与地点速度的区别在于测量时间尺度更大,在此过程中,行人可能产生了停顿逗留。为准确挖掘客流的微观行为,以地点速度为指标进行研究。对区间速度不再进行赘述。

(2)行人交通流量和行人交通流率

行人交通流量是指单位时间内通过道路某通道断面的总人数,一般以人/min或人/s为单位;行人交通流率是指单位时间内通过某一断面单位宽度的人数,一般以人/(min·m)或人/(s·m)为单位。

交通流量以及交通流率均反映交通需求,两者之间的区别在于流量是通过调研统计得到的实际值或预测值,而流率则是通过交通量间的转换得到的等效值。

(3)行人密度

行人密度是指在一定区域内单位面积所容纳的行人数量,单位为人/m²,反映了给该区域内行人的密集程度。最简洁的计算方式如下：

$$\rho(\tau,t) = \frac{N(A)}{A} \qquad (2\text{-}3)$$

式中:$\rho(\tau,t)$——位置 $r$ 在 $t$ 时刻的行人交通流密度,人/m²；

$A$——测量区域的面积,m²；

$N(A)$——面积 $A$ 区域内的行人人数,人。

行人密度还包括最佳密度(即客流量达到最大值的密度)和阻塞密度(即客流量较大且客流速度为零时的密度)。早期对测量区域内个体行人所占据的空间划分缺乏考虑,后引入了维诺图的划分思想,对客流密度进行求解,如图2-7所示。图中圆点表示行人,通过行人之间连线的垂直平分线进行定义行人占据空间的边界。

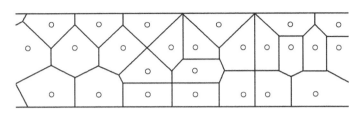

图 2-7　引入维诺图思想的行人占用空间解析图

(4)轨迹

行走轨迹是指行人在地面的垂直投影,从开始行走位置到结束位置所经过的路线组成的空间特征。而行人的行走轨迹并非绝对的直线,通过对行走轨迹的弯曲特性进行观察,可直观判断行人行走顺畅程度。

2. 乘客跟随行为

跟随行为是指当行人的期望速度小于或等于步行方向流线上前方的行人时,行人主动选择跟随前方行人而不选择超越的行为。

跟随行人随被跟随人的速度、行走路线变化而改变,前后行人维持一定的距离不变。通常,跟随行人的期望行走速度较大,而在此行走环境下发生超越行为不便,行人会主动降速,跟随前方行人前进;有时,跟随行人的期望行走速度较小,而为了提高走行效率,与周围行人速度保持一致,会主动提高行走速度,跟随前进。

跟随行为作为一种底层的基础运动行为,几乎在所有行人运动现象中都可以很容易地观测到。这一行为在疏散模型的参数标定与软件开发中发挥着重要作用。

3. 乘客结伴行为

结伴行为是指由于一定的社会关系而导致的行人在行走过程中保持群组聚集的行为。现实生活中,结伴行走是一种常见的现象,也是高级动物社会属性的直接体现。由于结伴群组成员之间会保持一定的空间结构(角度、成员的间距等)和运动特性(速度、动作等),使得结伴行人的辨识也较为容易。有研究表明,结伴群组内部的交互会影响到整体行人流的群集运动:在低密度条件下,组内成员倾向于肩并肩并排行走;随着密度的增加,行人的并肩行走模式会被打破,最终呈现一种 V 字形的模式。

4. 密集行人心理特性

人群心理影响因素很多,其中主要是受到社会标准的约束与限制。因此,对密集人群的心理影响最显著的是社会标准,其次是人群所在环境及构成人群中个体行为的影响。人群心理特性主要表现为好胜心理、随从心理,这些都与个人心理特征有明显不同,这些心理特征对人群的整体行为都有显著的影响。

(1)密集人群中的"从众现象"。"从众"是一种在公共场所群体中所表现出来的一种社会性的传播行为,也是一种心理作用。在这种心理的作用下,人群中的个人往往会出现失去"个性"的现象,即表现为顺从或者盲目跟从。这种行为实际上是不理智的,通常会造成人群过度集中、过分拥挤,进而造成发生突发事故率上升,不易疏散,甚至在发生突发事件时导致伤亡人数增多的不良后果。研究者解释这种行为是类似催眠效应或者说是原始本性的共同激励。这是一种循环、连锁反应,有社会依附性。在"从众"现象中,一些管理人员或者权威人物(如车站管理员等)的行为更容易引起人群中个体的关注。此外,从众现象的表现方式还有遵从惯例,这一点在排队中表现得最为明显。人们往往会加入有人在入口或者柜台前排队的队伍。

(2)密集人群的"排队现象"。在售票处、入口、电梯等地方,人群有时候自动出现排队行为。根据排队服务的类型,可以将排队分为 3 种类型。一是步行者在柜台或者入口前进行排队。步行者走进队伍末尾,站在队伍中,随着队伍的移动而向前,得到服务,然后离开。一般在火车站、机场、汽车站的售票厅、百货商店、银行等的柜台或入口处可以看见这种排队类型。二是步行者在通道前形成排队,他们得到服务后从中间通过。在电影院、公园或者旅游景点、博物馆等的入口可以看到这种类型的排队。三是在车辆入口前形成排队。比如出租车的载客,当出租车到达时,乘客下车,然后其他乘客上车。在火车站站台、公共汽车站牌、地铁等地方也能看到这种类型的排队。

(3)在密集情况下,行人主观上受到拥挤而使心理压力上升,随即产生急切的情绪,有迫切脱离密集拥挤环境的意识。因此,行人会提高行走的速度和步幅,同时产生超越行为。同时,由于行人流方向的不同,各行人流向所表现出的行人也有所差异,同向人群行人行走行为主要表现为右侧超越和跟随慢走行为,而异向人群行人行走行为会有交织现象产生,主要表现右侧行走和停留、随机选择路径行为。另外,在面对障碍物时,行人会选择逃避或者躲避障碍物,如果障碍物没有阻挡行人的行走方向及路线,行人会更多地选择在障碍物右侧绕行。

## 二、高密度客流行为特点

1. 超越行为

超越行为是城市轨道交通乘客出行常见的路径选择行为。乘客在城市轨道交通环境中行走时,由于个体的异质性、运动的多样性、环境的复杂性,不可能保持单一状态完成整个出行过程,而是处于运动状态间的交替转换。

如图2-8所示,对于在同一步行道上的行人,若前方行人步速低于后方行人的步速或期望速度,从而形成阻碍时,后方行人需要通过改变步行道甚至加速超越到慢速行人前方来避免冲突。

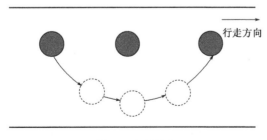

图2-8 超越行为

超越行为可以划分为以下 3 个阶段。

(1) 行走轨迹偏移阶段:行人开始较大幅度偏移正常行走时的行走轨迹方向,从正常行走状态转变为超越状态。

(2) 超越阶段:从行走轨迹偏移阶段末期到完成超越,避免冲突,当超越者同被超越者的纵向间距最小时,两者之间的横向间距反映了超越者变道时偏移的剧烈程度,也能揭示行人超越时需要与被超越者保持的最小横向间距。

(3) 超越结束阶段:超越阶段末期到开始转变为正常行走的阶段,表现为行人行走方向逐渐趋于稳定,行走轨迹与最短路径方向基本趋于一致。

2. 分层现象

分层是行人流自组织现象中最典型的现象,具有独特的时空分布特性。当两股行人流主要运动方向夹角为 180°,即相向运动时,行人会倾向于跟随与他自身运动方向相同的人,进而在相向行人中形成不同的分层,如图 2-9 所示。

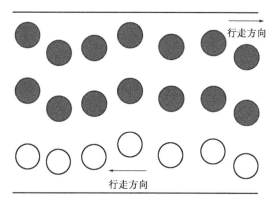

图 2-9 分层现象

当客流密度升高时,行人需降低运动速度来避免碰撞,进而形成分层现象。分层的过程是动态变化的,即客流分层的位置和层数会发生变化,随着入口边界行人密度的增加,形成的层数也会增加。

3. 压缩现象

单列客流和弹簧系统相似,具有压缩与恢复过程。当行人经过瓶颈或与当前通行能力不匹配的断面时,乘客间距会发生变化。可将两个人类比为两个滑块,如图 2-10 所示。

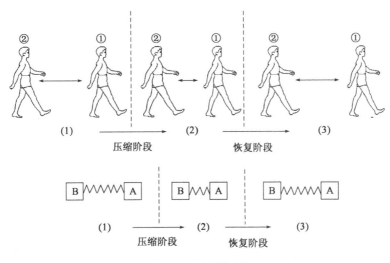

图 2-10　客流压缩过程

对于减速过程,相当于两个滑块正以相同速度运动时,滑块 A 突然减速,这时滑块 B 由于惯性将继续滑行,并压缩弹簧而受到一个向后的作用力,力的大小取决于弹簧的变形量与压缩系数,当弹簧变形所产生的力足以抵消摩擦力时,滑块 B 开始减速。对于乘客压缩过程而言,前方乘客突然减速,跟随乘客行为的改变会有一定的反应时间,跟随乘客会先按原速度行走,然后减速行走或停止。

对于加速过程,相当于滑块 A 开始加速,由于摩擦力与惯性力的作用,滑块 B 将按原运动状态运动一段时间,当弹簧变形所产生的力足以抵消摩擦力时,滑块 B 开始加速。对于乘客恢复过程而言,前方乘客加速行走,跟随者会先在反应时间内保持原速行走,然后加速离开。

压缩现象是城市轨道交通乘客出行跟随行为的直观表现。压缩现象的发生,使得客流整体稳定性降低,管控难度增大,甚至会导致"踩踏"事故发生。

4. 激波现象

客流激波现象是由于客流跟随行为速度差导致的。激波现象的发生会使客流整体稳定性降低,客流管控难度增大。

客流激波现象可划分为正常跟随、集结以及消散3个阶段。通常用波速、密度来描述客流波动状态变化。客流在瓶颈处聚集,产生激波传递现象。在经过瓶颈前的集结过程中,集结波传递时波速逐渐降低;在消散过程中,消散波传递时波速逐渐增大;在行人的集结与消散过程中,激波的影响程度逐渐降低。

客流在经过瓶颈前,行人间距较大,密度较低,客流状态稳定;经过瓶颈处时,行人间距变小,密度显著增大,拥挤状况严重,客流状态不稳定;经过瓶颈后,行人间距开始变大,密度逐渐降低,客流状态趋于稳定。行人客流密度的不同,使得客流激波的波速也会存在差异。

5. 拉链效应

拉链效应是指行人流在通过瓶颈时会沿瓶颈方向形成多个独立且相互叠加行人列队的一种交通现象。

在通道内运动的单向行人流,把每一列行人看作一层,会自发产生分层现象。形成的每个行人列队成为一个独立的"层",并且随着乘客流量的增加,这种现象会越来越明显。不同层间的行人相互交错,各层行人均占用相邻层的空间,又会形成"拉链"现象,如图2-11所示。该现象的产生主要是由于行人需要尽可能地利用通道中的可行空间,在确保自身行走空间的同时提高自己的视野。

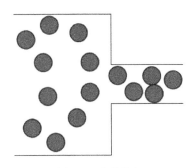

图 2-11　拉链效应

## 三、高密度客流分布规律

1. 时间分布特性

高密度客流的时间分布特性,即为车站客流量在一定时间段内的分布特征规律。按时间粒度的不同,城市轨道交通客流时间分布可分为小时客流、全日客流、逐月客流等。

(1) 小时客流分布特征

城市轨道交通一日内的小时客流分布,主要受通勤乘客出行规律和车站及线路在综合交通系统中的布局、位置等的影响,主要客流分布特征有单峰型、双峰型、突峰型和无峰型 4 种类型,如图 2-12 所示。

① 单峰型。

若城市轨道交通车站所在地区的用地功能单一,如以居住区为主的客流发生区或以就业区为主的客流吸引区等,城市轨道交通客流会表现出较为明显的潮汐性,则由上班上学产生的早高峰或由下班放学产生的晚高峰较为显著。一般而言,单峰型客流分布主要出现在郊区城市轨道交通线路车站。

② 双峰型。

若城市轨道交通车站所在地区位于城市核心区用地范围内,如商业密集区、学校周边等,则由通勤和上下学导致的早晚进出高峰均比较显著,其他时段为平峰期。

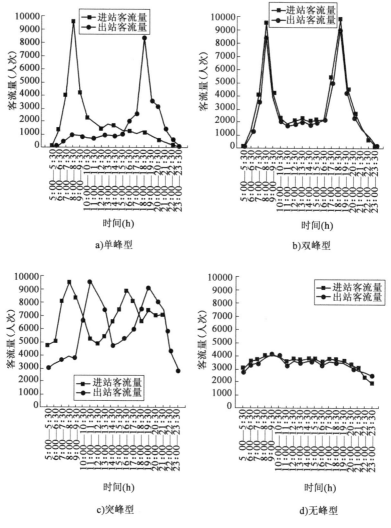

图 2-12 客流时间分布类型

③ 突峰型。

若城市轨道交通车站所在地区位于城市大型活动聚集场所,如铁路车站、长途客运站、体育场馆等,则随着客流的集散,会出现短时间的非规律性高峰。

④无峰型。

若城市轨道交通车站所在区域为新开发区,则客流将全天处于一个较低水平,且起伏特征不大。

(2)一周内日客流分布特征

主要服务通勤和上下学的城市轨道交通线路一周内的客流分布,在工作日和双休日的客流分布特征通常呈现规律性变化,且双休日城市轨道交通客流量少于工作日,商业区和旅游区的城市轨道交通线路客流分布特征则相反。

2. 空间分布特性

城市轨道交通的建设规模、线路布设形式和走向以及首末车站所处区位是影响其沿线客流分布的主要影响因素,不同类型城市轨道交通线路的车站客流可归纳出以下4种沿线空间分布特征。

(1)均等型:当城市轨道交通线路成环线布置或沿线用地已高度开发时,各车站的上下车客流接近相等,沿线客流基本一致,不存在客流明显突增路段。

(2)两端萎缩型:当城市轨道交通线路的两端伸入还没有完全开发的城市边缘地区或郊区时,线路两端路段的客流会小于中间路段的客流。

(3)中间突增型:当城市轨道交通线路途经大型的客运交通枢纽或者商业中心区时,位于该区位车站的上下车客流明显偏大,形成线路中客流突增的路段。

(4)逐渐缩小型:当城市轨道交通线路首末车站位于大型对外交通枢纽附近或城市中心CBD地区时,随着线路向外延伸,线路客流逐渐缩小。

3. 客流的方向性

城市轨道交通车站客流的方向性包括进出站方向和上下行的乘车方向。

对于进出站客流,其空间分布特征表现为:进站乘客选择最近入口进入,出站乘客根据目的地选择最短捷路径出站。进出站客流的分布特征与车站所处的区域地理位置、用地性质、公交站点等影响因素相关。

对于上下行客流,客流分布存在潮汐性规律,其空间分布特征表现为:对于居住主导区域的车站,以客流产生为主,进入城区方向客流在早高峰时段较大,出城区方向的客流在晚高峰时段较大。

# 第三章
# 高密度客流行为调查与分析方法

在调查城市轨道交通车站高密度客流行为特征时,由于站内空间受限,调查条件不佳,客流状态的产生和消散速度快等因素,难以精准捕捉客流行为,因此,需要采用多种方式协同调查。目前广泛应用的方法主要有问卷调查法、现场观测调查法、视频采集识别法、行人试验分析法和仿真建模分析法。

## 第一节 问卷调查法

为了准确分析乘客行为特征,把握客流的运动规律,通常会在确定研究对象的基础上,制定详细的调研方案,采用问卷调查的方式获取乘客个体对城市轨道交通出行过程的主观感受和行为倾向。

### 一、调查问卷

高密度客流行为调查问卷的内容主要包括两部分:一是乘客个体出行基本情况及客流行为的选择,二是乘客个体对客流集散及冲突的感受。

1. 乘客个体出行基本情况及客流行为的选择问卷

乘客个体出行基本情况问卷的目的是获得城市轨道交通乘客的基本信息,如性别、年龄、出行目的等,为分析不同乘客个体属性对行为选择的影响提供依据。

图 3-1 为乘客个体出行基本情况问卷示例。在实际调查中可根据调查人群的年龄、职业等基本属性及调查车站位置、类型对问卷内容进行调整。

尊敬的轨道交通乘客:

您好!首先感谢您对本次问卷调查的支持和参与。本次问卷的目的是调查轨道交通中乘客×××特性。调查结果仅用于学术研究,不用于任何商业用途,更不会泄露您的任何信息,请您放心且如实填写。再次对您的配合致以真诚的感谢!请您认真阅读以下问题后,在方框中打对号,每道题选出一个符合您的实际情况的答案。

1. 您的性别是:

　　□ 男　　　　□ 女

2. 您的年龄是:

　　□ 20 岁以下　　□ 20~40 岁　　□ 40~60 岁　　□ 60 岁以上

3. 您每周乘坐城市轨道交通出行的频率是:

　　□ 每天　　□ 5~6 次　　□ 3~4 次　　□ 1~2 次

4. 您乘坐城市轨道交通出行的时间段是:

　　□ 7:00—9:00　　□ 9:00—12:00　　□ 12:00—17:00

　　□ 17:00—20:00　　□ 20:00—22:00　　□ 其他

5. 您本次出行的目的是:

　　□ 上班　　□ 购物　　□ 旅游　　□ 其他

6. 在城市轨道交通通道中行走,您对自身行走速度的感知是:

　　□ 较慢　　□ 一般　　□ 较快　　□ 快速

7. 本次城市轨道交通出行,您对城市轨道交通拥挤度的感知是:

　　□ 可自由行走　　□ 较拥挤　　□ 拥挤

图 3-1 乘客个体出行基本情况问卷

客流行为选择问卷的目的是获取乘客在城市轨道交通内的行为选择。

客流行为选择问卷的问题应针对调查的具体客流行为进行设置。表3-1为调查乘客跟随行为特性的问卷示例。

乘客跟随行为选择问卷　　　　　　表3-1

请勾选您在下列状态下的行为倾向：

| 状　态 | 总是会 | 大多数会 | 有时会 | 偶尔会 | 没有 |
|---|---|---|---|---|---|
| 能迅速感知客流位置距离的变化 | | | | | |
| 客流位置变化时,能迅速改变自身行为 | | | | | |
| 密度较大时,压缩自身空间,采取小距离跟随 | | | | | |
| 密度较大,后方有超越行为时,不让其超越 | | | | | |
| 能迅速感知客流速度的变化 | | | | | |
| 客流速度变化时,能迅速改变自身行为 | | | | | |
| 密度较大,出现异向行人时,也不减速 | | | | | |
| 密度较大时,选择减速跟随走 | | | | | |
| 前方行人速度较合适时,也进行超越 | | | | | |
| 超越过程中发生"挤抢"行为 | | | | | |
| 即使空间较小,也要实现超越 | | | | | |
| 密度较大时,频繁变更行走路线,实现超越 | | | | | |

2. 乘客个体对客流集散及冲突的感受问卷

客流集散与冲突在影响乘客行走安全、降低枢纽运行效率的同时,也对行人通行时的主观感受造成较大的影响。行人对城市轨道交通枢纽的安全通畅性评价,主要基于行人个体对枢纽内部冲突状态的主观感受程度。采取问卷调查的方式进行调研,能够量化个体行人对不同集散密度、不同冲突形式的感受,同时通过对无冲突、正向、合流、交叉等常见的冲突形式设置相应的问题,确定行人对冲突状态的感受程度。

乘客感受的调查内容可围绕冲突(正向、合流、十字)和无冲突两种类型进行,每类形式下可划分不同等级的密度值,如3人/$m^2$、3.5人/$m^2$、4人/$m^2$、

4.5 人/m²、5 人/m²;同时对相同密度下的不同冲突形式进行相应排序,以此设置调查问卷问题,如图 3-2 所示。

(1)请您对下面的拥堵状况进行排序(严重拥堵至一般拥堵)。

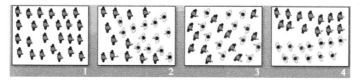

a)不同形式下的冲突感受程度

(2)您认为行人单向行进中以下哪种情况会使您感觉到拥挤?

b)无冲突条件下行人的冲突感受程度

(3)您认为行人正向冲突中以下哪种情况会使您感觉到拥挤?

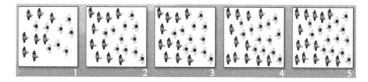

c)正向冲突条件下行人的冲突感受程度

(4)您认为行人十字交叉冲突中以下哪种情况会使您感觉到拥挤?

d)十字交叉冲突条件下行人的冲突感受程度

图 3-2

(5)您认为以下哪种合流情况会使您感觉到拥挤?

e)合流冲突条件下行人的冲突感受程度

图3-2　行人冲突感知度调查问卷

## 二、调查结果统计

在统计调查结果时,需要对调查问卷进行信度(Reliability)分析,也称可靠性分析。信度指的是采用同样的方法对同一对象重复测量时,所得结果的一致性程度。信度指标多以信度系数来表示。信度系数越大,表示测量的可信程度越大。信度系数大于或等于0.70,属于高信度;0.35~0.7,属于尚可;信度系数小于0.35,属于低信度。信度系数的计算方法如式(3-1)所示。

$$\alpha = \frac{K}{K-1}\left(1 - \frac{\sum_{i=1}^{n}\alpha_i^2}{\alpha_t^2}\right) \quad (3-1)$$

式中:$K$——针对同一调查目标问题数;

$\alpha_i^2$——第$i$问题得分的方差;

$\alpha_t^2$——全部问题总得分方差。

在验证各问题结果具有良好的内部一致性后,对问卷调查结果进行统计分析,针对客流的宏观特性和行人主观意识进行量化分析,归纳总结高密度客流中行人的行走特性。

## 第二节　现场观测调查法

现场观测法是交通调查中应用最为广泛的一种调查方法,一般安排一组或多组调查人员在指定的调查地点开展,调查组织工作简单,人员调配和地点调整灵活。根据调查内容的不同,调查人员使用的调查工具包括计时器、记录板、纸、笔等。

现场观测法适用于一般情况下的车站客流调查,机动灵活、易于掌握,精度较高,资料整理方便。但是这种方法一般需要大量的人力,工作强度大,易受不良天气影响。一般应先对调查人员进行调查培训,加强职业道德和组织纪律性的教育,在现场也应同时进行预调查、调查巡视和调查指导等工作。

## 第三节 视频采集识别法

为了全面、准确地获取乘客跟随行为数据,可采用视频采集、识别的方式提取客流行为特征。

### 一、视频采集

考虑特定客流行为的频发性及视频获取的便捷性、视野宽阔性等因素,一般选择城市轨道交通换乘大厅、站台及通道等空间作为主要视频采集点。为保证视频标定的有效性,可选取一长方形区域作为视频采集的有效区域,在不影响乘客正常行走的点位布设摄像机进行视频拍摄,具体架设方案示例如图3-3所示。其中,有效区域的长度和宽度根据调查的对象和地点确定。

图3-3 乘客数据采集场景示例

考虑到工作日和非工作日行人交通的组成成分的不同可能会对行人交通动力学特性产生影响,需要分别选取工作日和非工作日的客流高峰期间进行数据采集。采集时间一般为:工作日 8:00—11:00、16:00—19:00;非工作日 9:00—15:00。

## 二、数据提取分析

对采集到的客流视频数据进行统计,从视频中筛选出连续通过的单列乘客,利用视频标定软件,或者编写识别算法,提取乘客微观行为时间、位置、速度、加速度等特征参数。

建立时间、横向位移、纵向位移的三维数据库,将视频中行人的移动转化为时间轴上行人坐标的连续变化,根据数据需求提取数据库中的指标。数据库的建立基于行人在坐标系内移动时的改变,通过数据库中的数据信息可准确直接提取或推导出行人通过有效区域所消耗的时间、每一帧的行走速度和行人密度等参数。

数据提取结果以文本格式输出,再利用计算软件进行统一处理,获得最佳匹配曲线,从而分析客流特征。

## 第四节 行人试验分析法

在实际城市轨道交通运营空间中存在客流组成复杂、空间受限、干扰正常运营等问题,往往难以直接采集可供研究使用的客流实时行为数据。因此,可在空旷的试验场地搭建实地场景,采用行人试验的方法获取行人运动的变化规律,为客流管理与服务提供参考依据。

## 一、试验准备

1. 试验场景

选取广阔、空间足够大的区域作为试验场地,根据模拟场景规划试验区域的形状和面积。试验场地的地面须水平、无坡度、光滑,自然环境条件良好(光照强度合理,无阴影)。同时,为保证试验数据的准确性和有效性,应搭建可最大限度模拟地铁站内实际环境,确定模拟行人心理感知层面的真实情境。在试验区域周围贴上黄色胶带,用来标定坐标。

## 2. 试验人员

首先要根据试验调查对象的总体情况,选取合适的试验样本并确定样本量。同时,样本量的选取需要考虑试验的组数、重复次数、试验替补等问题。抽样过程需要考虑抽样方法的合理性。在召集志愿者的过程中,可给志愿者一定的奖励,激励参与试验。

实际操作中,试验样本的男女比例应大致为1∶1,年龄分布根据试验需要确定。试验人员的身高应服从正态分布,其他行人影响因素如体重、衣服、背包均为随机。为准确通过视频识别每个行人的位置,要求试验人员穿着黑色服装,并在整个试验中佩戴颜色鲜艳的帽子。

## 3. 试验设备

由于行人试验最常用的数据采集方式是视频分析,因此,应布设摄像机记录行人在场地中的运动轨迹。在架设摄像机的时候,应当统筹考虑摄像机的位置与角度,尽量保证试验场地覆盖在摄像机的视野范围之内。在人群密度较高的试验中,要避免摄像机拍摄角度过低,防止因摄像机镜头覆盖不全,造成视频资料中行人相互遮挡,影响数据采集。因此,在研究高密度客流运行特征时,通常是在试验区域中心正上方设置摄像机。

## 二、试验方案

### 1. 准备试验

应告知试验人员遵循以下三原则:

(1)向试验人员说明试验的假设:场景为城市轨道交通车站内,场景内的障碍物均为交通设施。

(2)试验人员均按照日常的行走速度进行试验,且至少实现一次完整通行。

(3)当下达开始命令时,试验人员方可行走。

## 2. 预试验阶段

预试验是用较少的成本来检验试验方案是否可行的一种方法，是正式试验的重要准备工作之一。通过预试验可以有效地剔除无关变量，也可以进一步验证试验条件、试验设计的科学性和可行性，避免由于试验设计考虑不周，造成的试验效果不佳或者资源浪费。特别是对于很多大型的试验，预试验是很有必要的。

因此，在正式开始试验之前，试验人员以其正常步速按照试验程序完成3次通行，进一步熟悉试验流程和试验环境。预试验的分析结果是正式试验方案设计的重要参考。

## 3. 试验阶段

按试验方案所需的试验条件分别设置试验场景，试验人员按流程分别完成特定流量的试验，每组试验开展3次，采集试验录像并观测效果。

## 三、试验有效性验证

行人试验的真实性和有效性是决定试验结果应用价值的重要影响因素。当前，试验有效性验证主要采用主观验证和客观验证两种方法。

### 1. 主观验证

主观验证针对试验人员进行。在行人试验后，从试验环境、试验场景搭建、行走速度、所遇流量四方面对试验人员进行主观问卷调查。根据调查结果，分析试验环境与实际城市轨道交通车站场景相似程度，以判断该行人试验是否真实有效。

### 2. 客观验证

目前，数据验证通常采用3种方法：基本图验证、比较分析验证和实际比较法。基本图验证是基于行人流量、速度和密度三参数的关系规律，通过对比试验结果是否满足规律，确定试验结果的合理性，通常对比行人的宏观运动特征；比较分析验证是对比试验与现有研究的分析结果，也可以使用经验公式验证试验数据;实际比较法则是通过试验结果与实际录像比较,进而验证试验获取数据的准确性。

**四、数据获取**

在试验过程中,当试验人员进入场景中时,他们的运动行为将被顶部的摄像机全程记录,运用行人运动标定软件,通过自动标定和人为修正相结合的方式标定行人个体的运动数据,避免纯自动标定对数据结果产生误差。

视频数据提取的基本方法是通过建立数据库,将视频中行人的移动转化为时间轴上行人坐标的连续变化,根据数据需求提取数据库中的指标。数据库的建立基于行人在坐标系内移动时的坐标改变,通过数据库中的字段能够准确计算出行人通过研究区域所花费的时间、运动速度及行人流量、密度等基础信息,进而量化行人的宏观和微观特性。

## 第五节　仿真建模及分析法

城市轨道交通车站内的高密度换乘客流由自主灵活的乘客个体组成,乘客之间具有较强的非线性交互作用。由于冲突所导致的高密度行人冲突会呈现出自组织、行人波等不确定性现象,通过数值模拟的方法,解析枢纽内换乘客流冲突演化过程中行人微观行为特性,是解决目前我国枢纽规划设计和运营管理工作中定量依据不足的重要途径。

仿真建模以行人试验和高密度客流视频数据为基础,分析高密度客流的个体离散性和群体连续性,进而通过量化乘客遭遇密集客流时在空间需求、交通效率、行走速度等交通特征与枢纽设施间的互动关系,构建高密度客流的连续数值模拟模型。基于构建的连续数值模拟模型,可模拟分析高密度客流现象的生成与演化机理。

根据时空要素表示方法的不同,数值模拟模型可划分为离散网格模型和连续无网格模型。离散网格模型中,以元胞自动机模型作为代表;连续无网格模型中,以社会力模型作为代表。

## 一、元胞自动机模型

1. 模型介绍

（1）元胞

元胞又称为单元或基元,是元胞自动机最基本的组成部分。元胞分布在二维欧式几何空间的网格上。每一个元胞在网格中都有自己的状态值,可以是$\{0,1\}$,也可以是状态集合 $\{S_0,S_1,S_2,\cdots,S_k,\cdots,S_{n-2},S_{n-1},S_n\}$。

（2）元胞空间

元胞空间是元胞所在的欧氏几何空间,从原始的一维到二维。根据不同的研究需求,当前空间结构可分为 3 种:三角形网格、四边形网格和六边形网格,如图 3-4 所示。三角形网格的优点是拥有较少的邻居模块,缺点是不利于计算机实现,计算复杂度也会增加;四边形网格的优点是直观简单,而且非常适合现有的计算、表达及显示,缺点是不能较好地模拟各向同性的现象;六边形网格的优点是能较好地模拟各向同性的现象,模型更加自然、真实,但在计算机表达和显示方面极其困难。

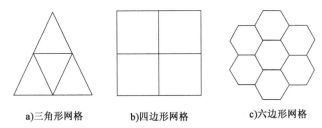

图 3-4　3 种元胞空间结构

在行人研究中,尽管六边形网格是更好的选择,但由于其建模困难,邻居模块复杂,运算难度大,并且四边形网格已经能够满足现阶段对行人研究的需求,因此,大部分研究都采用了四边形网格对行人进行模拟。

(3) 元胞邻居

元胞邻居是定义在元胞空间上的静态属性,是元胞演化的重要前提。这一属性定义了元胞及其周边空间,将元胞的演化作用在元胞预期周围邻居空间上,元胞下一时刻的状态取决于元胞及其邻居的状态。一般在静态设置中,应提前定义元胞的邻居。目前邻居类型有 Von Neumann 型邻居、Moore 型邻居、扩展 Moore 型邻居和 Margolus 型邻居。Margolus 型邻居在更新时的状态不由其中心元胞直接决定,而主要根据自身演化状态进行演变。Moore 型是最常用的邻居类型,相对于 Von Neumann 型邻居,它能描述更全面的移动形式。图 3-5 为不同元胞邻居形式示意。

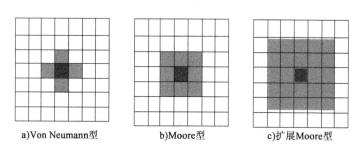

a) Von Neumann 型　　b) Moore 型　　c) 扩展 Moore 型

图 3-5　元胞邻居形式示意图

在行人仿真过程中,Moore 型邻居的应用最为广泛。Moore 型邻居定义的元胞邻居位置为:一个元胞的上、下、左、右、左上、右上、左下、右下相邻的 8 个元胞。以一个格子为单位,邻居的移动距离为 1。

(4) 规则

20 世纪 70 年代,Edward Fredkin 最先提出了建立在网格上的规则,这种规则是静态场规则的雏形。他将每个格子的元胞进行二维编码 $r(x,y)$,并定义在 $t$ 时刻位于该位置上的元胞状态为 $S(r)$,该状态值为 0 或 1。同时,规定 $t+1$ 时刻的元胞状态是根据 $t$ 时刻的元胞状态计算得到的。主要的计算规则如下:

① 模型采用 Neumann 型邻居,对每个格子都计算出位于其上、下、左、右

4个方向上的状态之和 $S(r)$，并遍历所有格子，计算其周围元胞的状态之和。

②如果状态之和为偶数,则刷新原状态 $S_0(r)$ 为 0,否则为 1。

循环上述步骤得到元胞的演化状态。

随着元胞的不断发展,已不局限于上述的简单规则,现在的规则多是通过效用函数 $f(x)$ 计算得到元胞邻居的值,再叠加其他的选择规则 $g(x)$ 实现元胞的运动。

(5)边界

元胞自动机是有限网格下的计算,系统必须是有限的、有边界的。元胞边界条件其实是元胞规则的一种特殊情况,为了确定边界行为,对边界元胞的规则进行特殊定义。目前有 4 种元胞边界条件:周期边界、固定边界、绝热边界和映射边界,其原理都是通过将边界元胞向外扩大一层构建虚拟元胞,假定虚拟元胞的元胞属性,根据其不同的属性进行差别化定义。图 3-6 为 4 种元胞边界条件示意。

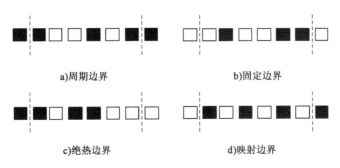

图 3-6  扩展邻居获得的 4 种边界条件

在以上 4 种边界条件中,周期边界更符合交通物理场景。这是由于交通场景不存在较大的差异性,且元胞静态属性基本相似。现有大部分学者采用周期边界元胞场景,对行人进行仿真研究。

通过以上的定义,可以实现元胞的运动,如图 3-7 所示。$C_0$ 为元胞当前位置，$C_1 \sim C_8$ 为元胞邻居，根据设定的元胞规则计算元胞运动的效用值，图 3-7 中所示元胞规则计算结果为左上元胞，经过一步仿真，元胞在 $t+1$ 时步移动到左上元胞的位置。

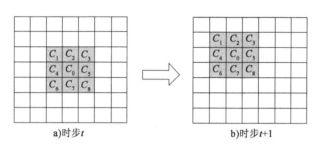

图 3-7　元胞的运动示意图

除此之外，还可以实现行人冲突这种较为复杂的运动行为，如图 3-8 所示。当两个行人发生冲突时，行人 A 和 B 希望移动的下一个位置均为阴影区域，但一个网格只能负载一个元胞，即一个行人。因此，对两个行人作如下计算：

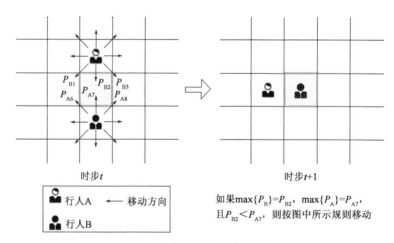

图 3-8　元胞的竞争运动示意图

① 计算 A 和 B 的邻居效用值，分别为 $\{C_1^A, C_2^A, C_3^A, C_4^A, C_5^A, C_6^A, C_7^A\}$ 和 $\{C_1^B, C_2^B, C_3^B, C_4^B, C_5^B, C_6^B, C_7^B\}$。

②对比移动的期望 $E(x)$ 和能力 $C(x)$,行人 B 在竞争中胜出,行人 B 移动到阴影区域。

元胞自动机是一种形式固定的仿真模型,通过改变演化规则 $R$,可实现不同行人运动现象。在规则中,为了更真实地模拟场景,一般包含一定程度的随机性。例如,在元胞的状态转移中,设定以某一概率 $p$ 选择元胞下一状态。另外,元胞虽然是建立在离散网格上的函数,但也可以实现连续函数的计算,其计算精度与网格的大小和规模有关。

2. 建模过程

(1)仿真场景

仿真过程中有 3 种元胞类型:墙元胞、空元胞和行人元胞。墙元胞代表车站通道的墙壁,行人不可以移动到墙元胞上(即行人元胞不可以占用),相当于元胞边界的绝缘体。空元胞表示车站通道中的空区域,行人可以在其上行走(即行人元胞可以占用)。

元胞邻居选用 Moore 型邻居,即一个元胞的上、下、左、右、左上、右上、左下、右下相邻的 8 个元胞为该元胞的邻居,其位置表达式为式(3-2)。以一个格子为单位,邻居的移动距离为 1。

$$f(x) = \begin{cases} x_i - x_0 = 0, y_i - y_0 = -1, 上元胞 \\ x_i - x_0 = 0, y_i - y_0 = 1, 下元胞 \\ x_i - x_0 = 1, y_i - y_0 = 0, 右元胞 \\ x_i - x_0 = -1, y_i - y_0 = 0, 左元胞 \\ x_i - x_0 = -1, y_i - y_0 = -1, 左下元胞 \\ x_i - x_0 = 1, y_i - y_0 = 1, 右下元胞 \\ x_i - x_0 = 1, y_i - y_0 = 1, 右上元胞 \\ x_i - x_0 = 1, y_i - y_0 = -1, 左上元胞 \end{cases} \quad (3-2)$$

在模型中使用周期边界条件,即行人元胞从入口进入元胞空间,经过规则到达出口边界后离开,该行人元胞再次作为一个新的个体从入口进入该元胞空间。

元胞自动机模型的参数集合是一个离散空间,同时也是离散时间和离散状态的集合。离散时间是指仿真系统中,每个时间步长下系统同步刷新一次数据,这个时间步长为 $\Delta t = 0.4\text{s}$。离散状态是指元胞在每个时间步长下只有一个状态(状态集中的任意一个),下一个时间步长将根据变化规则变为状态集中的任意一个状态,而这个状态可以与前一状态相同,也可不同。在本模型里,行人元胞的离散状态可以根据规则选择元胞邻居中的某一元胞进行移动,其对自身元胞或其他邻居方向移动时的距离为 $\sqrt{(x_i - x_0)^2 + (y_i - y_0)^2}$。在元胞移动时,移动速度仅为两个值,分别为 0 和 $v_{max}$,根据计算可以得到 $v_{max} = 1.25\text{m/s}$。

行人元胞的移动主要根据元胞规则设定。模型规则通过计算总效用值确定行人运动方向,总效用值包括方向参数、空格参数与前进参数之和。在前进参数的计算中,考虑行人视觉获取信息过程对行人运动的影响,建立的视域模型如图 3-9 所示。行人视觉所能看到的区域为一个 3×5 的格子区,当靠近墙的时候为 2×5 的格子区。

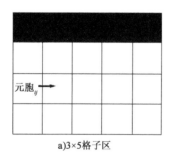
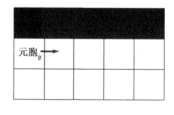

a)3×5格子区    b)2×5格子区

图 3-9　视域效用模型

(2)参数标定

根据模拟场景、客流宏观行为特性和微观行为特性,标定元胞仿真模型参数,包括模型空间大小、元胞实际大小、时间步长、随机数、前进效用参数、客流到达等。其中,模型空间大小主要依据所研究区域的面积确定。根据美国《道路通行能力手册》中对行人行走空间的规定,仿真模型中一般设定元胞大小为 $0.5m \times 0.5m$。

(3) 数据验证

①根据仿真数据结果,采用场景再现法验证仿真数据。通过数据验证反复调整模型参数后,最终对比仿真场景客流行走现象与实际场景是否一致。

②利用内部特征分析的方法对模型进行有效性验证,从定量层面验证模型微观数据的有效性。根据客流的行为特性,将元胞仿真数据均值及方差与实际场景对比进行检验。若检验结果显示仿真数据与试验数据没有显著差异,则仿真数据有效。

3. 模型优缺点

元胞自动机模型的优点是计算效率高,在模拟复杂的和传统计算技术不适用的场景时,能够很好地描述它们的运动和演化。此外,元胞自动机的参数少,结构相较其他模型简单,规则建立简单,在计算机上的实现过程简单、便捷。当存在复杂边界条件时,元胞自动机可以通过简单的规则实现,而不需要复杂的分段函数和条件函数。能够通过加载效用函数,实现以连续模型模拟行人心理对行为的作用。

人群的运动通常在空间和时间上是离散的,元胞自动机难以实现行人之间的交互影响。例如,如何定义对于同一时刻多个行人期望占用同一网格的移动规则等问题。因此,该方法模拟人群的运动时出现的误差较大,而且通过这种方法计算的个体轨迹很难直接实现群体的三维显示。

## 二、社会力模型

1. 模型介绍

社会力模型是一种在时间、空间、状态维度均连续的,并以动力学为基础,根据行人运动特点构建的,用于模拟行人间相互作用的连续函数模型。由于其能够解释行人运动的本质,在行人仿真中得到广泛的应用。

如图 3-10 所示,社会力模型的核心思想认为,行人的运动受到自身目的性、行人之间的相互作用及来自周边障碍物的影响,并将这些影响用类似于力学的公式表达出来。具体来说,每个行人的运动过程可以通过下面的偏微分方程描述:

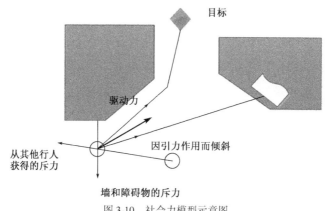

图 3-10 社会力模型示意图

社会力模型的计算公式如下:

$$\vec{f}_i(t) = m_i \frac{d\vec{v}_i(t)}{dt} = m_i \vec{a}_i(t)$$

$$= \vec{f}_i^0(t) + \sum_{j(\neq i)} \vec{f}_{ij}(t) + \sum_w \vec{f}_{iw}(t) + \sum_a \vec{f}_{ia}(t) + \sum_g \vec{f}_{ig}(t) + \vec{\xi}_i(t)$$

(3-3)

式中:$\vec{f}_i(t)$ ——$t$ 时刻行人 $i$ 受到的所有力的合力;

$\vec{a}_i(t)$ ——$t$ 时刻行人 $i$ 的加速度;

$\vec{f}_i^0(t)$ ——自驱动力,指向行人下一个目标点;

$\sum_{j(\neq i)} \vec{f}_{ij}(t)$ ——$t$ 时刻行人 $i$ 受到的来自行人 $j$ 的作用力;

$\sum_w \vec{f}_{iw}(t)$ ——$t$ 时刻行人 $i$ 受到的来自障碍物 $w$ 的作用力;

$\sum_a \vec{f}_{ia}(t)$ ——$t$ 时刻行人 $i$ 受到的来自周围环境中事物的吸引力；

$\sum_g \vec{f}_{ig}(t)$ ——$t$ 时刻行人 $i$ 受到的来自周围环境中人群的吸引力；

$\vec{\xi}_i(t)$ ——随机变量。

考虑到在轨道交通车站中，乘客以换乘为主，受周围环境中人和事物的吸引较小，因此，社会力模型可以简化为：

$$\vec{f}_i(t) = \vec{f}_i^{\,0}(t) + \sum_{j(\ne i)} \vec{f}_{ij}(t) + \sum_w \vec{f}_{iw}(t) + \vec{\xi}_i(t) \quad (3\text{-}4)$$

（1）驱动力

驱动力是模型中最显著的力，决定着行人以期望的速度朝向目的地运动。如果一个人在行进过程中未被干扰，行人将以速度 $v_a$ 走向期望的方向 $\vec{e}_a(t)$。驱动力的计算公式可表示为：

$$\vec{f}_i^{\,0}(t) = m_i \frac{v_i^0 \vec{e}_i(t) - \vec{v}_i(t)}{\tau_i} \quad (3\text{-}5)$$

式中：$m_i$——行人 $i$ 的质量；

$v_i^0$——行人 $i$ 的期望速度；

$\vec{v}_i(t)$——$t$ 时刻由行人 $i$ 当前速度；

$\tau_i$——弛豫时间，即行人 $i$ 从当前速度 $\vec{v}_i(t)$ 变化到期望速度 $v_i^0$ 的时间；

$\vec{e}_i(t)$——$t$ 时刻由行人 $i$ 当前位置 $r_i(t)$ 指向行人下一个目标点 $r_i^k$ 的单位向量，表达式为：

$$\vec{e}_i(t) = \frac{\vec{r}_i^{\,k} - \vec{r}_i(t)}{\|\vec{r}_i^{\,k} - \vec{r}_i(t)\|} \quad (3\text{-}6)$$

式中：$\vec{r}_i(t)$——$t$ 时刻行人的位置向量。

（2）与行人间的作用力

行人在运动过程中，行人个体由于"领域效应"影响，会主动与其他行人保持一定的距离,当接近陌生行人时通常会感觉越来越不舒适,即导致其他行人对该行人的斥力效应。这种斥力作用与行人间距呈指数函数关系,计算公式可表示为:

$$\vec{f}_{ij}(t) = m_i \frac{A_i}{B_i} \exp\left(-\frac{\|\vec{r}_{ij}(t)\|}{B_i}\right) \frac{\vec{r}_{ij}(t)}{\|\vec{r}_{ij}(t)\|} \quad (3\text{-}7)$$

式中:$\vec{r}_{ij}(t)$——$t$ 时刻行人 $i$ 与行人 $j$ 的位置向量差,$\vec{r}_{ij}(t) = \vec{r}_i(t) - \vec{r}_j(t)$;

$A_i$——行人作用力的作用强度;

$B_i$——行人作用力的作用距离。

(3)与障碍物的作用力

行人在运动过程中会与障碍物、墙壁、建筑物等物体的边界保持一定的距离。边界与障碍物对行人的影响与行人间的相互作用相似,行人会主动避让障碍物以避免对其造成伤害。障碍物对行人的作用力可表示为:

$$\vec{f}_{iw}(t) = m_i \frac{A_w}{B_w} \exp\left(-\frac{\|\vec{r}_{iw}(t)\|}{B_w}\right) \frac{\vec{r}_{iw}(t)}{\|\vec{r}_{iw}(t)\|} \quad (3\text{-}8)$$

式中:$\vec{r}_{iw}(t)$——$t$ 时刻行人 $i$ 的位置 $\vec{r}_i(t)$ 与障碍物 $w$ 之间距离行人最近的点的位置 $\vec{r}_w^i(t)$ 的向量差,$\vec{r}_{iw}(t) = \vec{r}_i(t) - \vec{r}_w^i(t)$;

$A_w$——障碍物作用力的作用强度;

$B_w$——障碍物作用力的作用距离。

(4)随机变量

$\vec{\xi}_i(t)$ 为所有随机波动的总和。

2. 模型优缺点

社会力模型基于数学模型描述了行人在复杂环境下的运动过程。模型明确主观行动力是行人交通行为产生的根源;模型不受网格约束,准确模拟行人间的避让行为。此外,社会力模型可准确描述各层次作用力间的关系,能够解释行人交通在高密度时行人间相互接触的行为现象;可模拟行人成带、成拱、斑纹等自组织行为特征。因此,社会力模型作为连续无网格模型的经典代表,以模拟结果真实、可靠、参考性强等特点,广泛应用在数值模拟中。

然而,社会力模型基于复杂的数学算法,受行人间的交互作用影响,在模拟大规模人群运动时运算速度慢;模型中尚无明确机制避免行人重叠及碰撞的问题;受模型假设条件限制,无法精细化模拟在复杂环境下人的智能运动行为。

# 第四章

# 正向冲突客流行为机理

正向冲突是城市轨道交通车站对向客流中存在的突出矛盾之一。通过对城市轨道交通车站正向冲突客流行为调研、采集与提取车站内行人的行为数据,可实现对高密度客流冲突状态特征参数的准确标定。

通过建立相关模型,进行基于数值模拟技术的客流冲突演化过程的研究,能够分析典型冲突现象在形成、蔓延和消散等阶段的行为特性,明确冲突演化阶段行人微观行为特征的对应关系,进而确保城市轨道交通车站有序运行。

## 第一节 正向冲突客流概述

在交通工程学中,冲突是指车与车、车与人或人与人在某一地点发生回避,在回避的过程中有潜在的冲突事故可能,回避的次数成为评价冲突可能性的度量,且回避方式与事故类型相对应。在城市轨道交通车站内乘客集散过程中,乘客个体之间在走行路径上因受到周边乘客干扰而改变自身的运动速度和方向,继而产生冲突。正向冲突是最为常见的冲突类型,会使乘客的出行效率严重下降,给乘客出行带来安全隐患。

## 一、正向冲突客流的定义

正向冲突是指两股行人流相向运动,行人运动过程中自由、不受空间约束,两股行人流相遇时客流冲突随之产生。冲突在产生一段时间后,运动行人由于"从众心理"会自发地形成"带状"的宏观行人流自组织特性,行人流"成带"后会处于相对稳定状态,直至客流消散。正向冲突形式如图4-1所示。

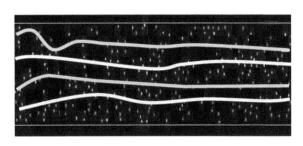

图4-1 正向冲突

正向冲突是城市轨道交通车站客流行为中频繁发生的冲突类型。调研结果显示,正向冲突发生的比例高达71.47%,远高于其他冲突形式。此外,正向冲突客流是乘客对冲突感受程度较高的冲突类型。据统计,在不同种类冲突形式下,正向冲突乘客感觉拥挤的密度均值最低,仅为4.38人/$m^2$,且在同等密度情况下,正向冲突对行人的影响最大。

## 二、冲突区域划分

冲突区域划分是研究城市轨道交通车站正向冲突客流行为的重要一环。科学合理的冲突区域划分能够更为准确地分析、描述车站内正向冲突的客流行为,从而能够更充分地挖掘正向冲突客流的特性。

冲突区域划分的基本思路是选取能够反映行人运动特征的关键参数,根据特征值变化程度,定量划分冲突的产生、蔓延和消散各阶段。在国内外现有的研究结论中发现,行人在冲突区内的运动速度会降低10%~30%。因此,冲突区域划分可选取速度作为特征指标。具体来说,当前行人运动速度瞬时值与上一时刻运动速度瞬时值相比减幅30%时,认为当前行人所处位置为冲突点,以此作为冲突区域划分的判别标准。

参考概率论与数理统计学中85%、95%分位点的概念,可以将某一区域中85%~95%的行人运动冲突点集中的区域认定为受冲突影响的区域,即在研究区域中以某一矩形划定范围且该范围内冲突点数目占研究区域中总冲突点数目的85%~95%,则认定该矩形区域为受冲突影响的区域。此外,在受冲突影响的区域中,可以将集中85%冲突点的区域确定为冲突区域。其中,冲突影响区域是指受冲突影响的区域当中去除冲突区域的范围。行人一旦进入冲突影响区域,便开始受到一定影响,直至进入冲突区域,受周围客流的冲突逐渐显著。冲突中心点是指冲突区域的几何中心。在冲突中心点处客流冲突强度最大、最为集中,是用于标定冲突发生区域的核心点。在研究区域中,除冲突影响区域以外的区域称为非影响区域。

通过对研究区域进行不同冲突程度的合理划分,确定不同冲突程度的各个范围,采集试验数据,可为后续开展进一步的城市轨道交通车站正向冲突客流行为分析奠定基础。在笔者开展的行人试验中,图4-2为冲突区域划分示意,图4-3为基于模拟行人流速度与空间分布条件下的区域划分验证,发现行人速度较低的坐标点基本涵盖在冲突区域和冲突影响区域范围内。

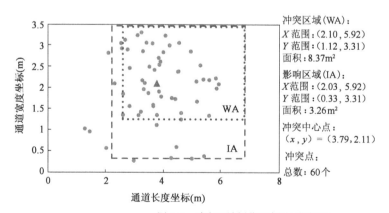

图4-2 冲突区域划分示意图(附彩图)

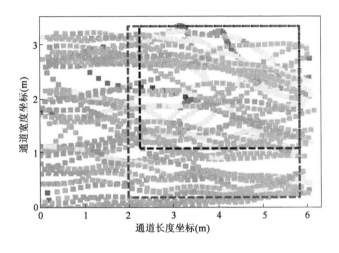

图4-3 基于模拟行人流速度与空间分布条件下的区域划分验证(附彩图)

注:1. 在图4-2中,$x$轴和$y$轴分别表示试验通道的长和宽,每个单位长度代表1m。
2. 蓝色矩形代表受冲突影响的区域,影响区面积等于蓝色矩形与棕色矩形面积之差。
3. 棕色矩形代表冲突区域,冲突区域面积等于棕色矩形内的面积。冲突区是城市轨道交通枢纽日常运行和管理过程中危险事故的多发区。
4. 空白区域代表非冲突区域,非冲突区域面积等于试验场景面积与蓝色矩形面积之差。
5. 绿色圆点代表冲突点,即行人之间发生冲突的点。
6. 红色三角形代表冲突中心点,表示冲突区域内客流冲突强度最大、最为集中的位置。
7. 图4-3中矩形代表采用冲突区域判定原则确定的冲突区域和冲突影响区范围,坐标点代表该位置行人的瞬时速度,橙色表示的速度较低,向黄色、绿色、蓝色变化,速度依次增大。

## 第二节 正向冲突客流行为特征调查

随着我国城市轨道交通网络规模的不断扩大,其所承担的客流量也持续增加,线路间的衔接使得车站客流的流线更为复杂,导致客流正向冲突现象频发。在不断变化的线路网络和客流情况下,深入研究车站内正向冲突客流行为特征及其影响因素,并采用先进的手段对乘客群体在站内的行为规律和动态过程进行研究,可为新车站的建设和运营、旧车站的改造和客流组织优化提供理论支撑。因此,需要对城市轨道交通车站正向冲突客流行为进行充分调研,不仅能够准确掌握正向冲突客流的特征及其影响机理,也为今后城市轨道交通车站流线设计和设施布局等方面奠定了理论基础。

## 一、视频调查

为获取车站内客流正向冲突的实时数据,应采取视频调查的方法。其中,调查时间应符合间歇式多次调查法的规范,力求获取准确的数据。视频调查一般应安排在工作日,例如,在当前星期工作日中随机选取一天或两天,间隔一周后同样在工作日当中随机选取一天或两天,重复三至四次采集间歇性工作日数据;且应避开节假日及天气不良时间。在视频调查过程中应通过筛选符合要求的正向冲突区域,选取不影响乘客正常行走的点位布设摄像机,同时测量区域内设施的尺寸,以此获取较为理想的视频数据,为客流冲突特征分析提供依据。具体操作方法可参考第三章第三节的视频采集识别方法。

根据调查内容,一般采取以实地视频调研为主、监控视频为补充的视频资源获取原则。因为实地视频调研受枢纽内空间环境、设施位置及管理制度等多方面因素限制,调查人员现场采集的数据难以完全满足冲突形式的全面性和数据的可靠性的要求。因此,需要依托轨道物联网视频补充换乘站冲突客流的视频,进一步补充完善对客流正向冲突类型的调研。具体调查内容应包含三方面:

(1)确定典型客流冲突类型及所占比例,明确正向客流冲突在总样本中所占比例,从而为正向冲突机理研究奠定基础。记录时,在表4-1中记下调查站点名称、客流冲突时的换乘线路以及冲突类型,从而确定正向客流冲突类型所占比例。

（2）正向客流冲突宏观行为特性。根据视频资料，调查正向冲突客流在冲突区前后行走路线的变化、冲突区域乘客受空间约束的影响、客流流量激变特性等特性。

（3）正向客流冲突的微观行为特性。结合视频，调查客流在冲突区前后个体运动速度、运动方向变化等特性。

城市轨道交通车站客流冲突形式记录表　　　　　　　　表4-1

| 项　目 | 序号 | 车站名称 | 换乘线路 | 冲突类型 | | | |
|---|---|---|---|---|---|---|---|
| | | | | 正向 | 十字 | 合流 | 组合 |
| 现场调研 | 1 | | | | | | |
| | 2 | | | | | | |
| | 3 | | | | | | |
| 轨道物联网视频 | 1 | | | | | | |
| | 2 | | | | | | |
| | 3 | | | | | | |
| 合计 | | | | | | | |

## 二、问卷调查

客流冲突在影响行人行走安全、降低车站内部设置通行效率的同时，也会对乘客通行时的主观感受造成较大的影响。实际调查中，常采用第三章第一节中行人对客流冲突的感知问卷，利用个体行为感受来进一步明确正向冲突对站内客流的影响。行人对城市轨道交通车站的安全通畅性评价，主要基于行人个体对车站内部冲突状态的主观感受程度。通过采取此种问卷调查的方式进行调研，不仅能够量化个体行人对不同密度、不同冲突形式下的感受程度，同时也能够通过对几种常见的客流冲突形式设置相应的问题，分析行人对冲突状态的感受程度，从而确定城市轨道交通车站中正向冲突形式对乘客通行影响程度。

调查内容可根据不同冲突类型、不同行人流密度条件进行,参照第三章第一节中的方法,正确设置调查问卷问题。

最后,对行人冲突感知度调查问卷进行回收,统计不同冲突形式下乘客对冲突的感受程度,将各统计量填入表4-2中,计算不同冲突类型的中位值及平均值,并绘制累计图,从而确定不同冲突条件下行人的冲突感受程度最强烈的冲突类型,尤其是对正向冲突的感受程度。

乘客感受程度分布调查表　　　　　　　　　　表4-2

| 密度（人/$m^2$） | 无 冲 突 | 十字冲突 | 合流冲突 | 正向冲突 |
|---|---|---|---|---|
|  |  |  |  |  |
|  |  |  |  |  |
|  |  |  |  |  |

## 三、行人试验

冲突乘客个体间的微观行为是行人流宏观自组织现象产生的根本原因,不同的客流冲突形式会引起行人动力学特征的差异。行人可控试验可最大限度再现和演绎客流冲突现象,是冲突乘客微观行为提取的有效手段。通过开展可控试验,可初探高密度条件下行人正向冲突的行为特征,为数值模拟模型参数标定及模型结果验证奠定基础。

1. 组织阶段

在行人可控试验中,试验场地的布设除试验本身设计的干扰因素外应尽量保证无其他不可控的干扰因素。正向冲突行人可控试验区域应确保符合城市轨道交通车站通道实际尺寸,一般选取长6m、宽3.5m的区域。同时,为了保证试验数据的准确有效性,场景中应制作隔断模拟通道两侧的墙壁,一般设定为高1.8m,以确保模拟行人心理感知层面的真实通道情景。最后,应在试验区域周围贴上红色胶带标定坐标,从而便于后期数据获取与分析处理。具体实施场景如图4-4、图4-5所示。

图4-4 试验场地

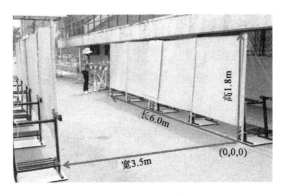

图4-5 试验场景

行人可控试验应在良好的天气条件下进行,还应尽量避免不可控干扰因素在调查时段的影响。确定好试验调查时间后,在预先布设完成的试验场地中心正上方约5m处设置摄像机,记录对向冲突行人在场地中的运动轨迹,如图4-6所示。根据试验数据要求,设置帧率、图像分辨率、每帧图像的时间间隔等视频录像参数,一般录像过程中使用的帧率为30帧/s,每一帧图像的分辨率为$1920 \times 1080$像素,每连续两帧的时间间隔为$0.02s$。

同时,还要保证试验环境中的试验人员尽量符合实际城市轨道交通车站的人流属性。在行人正向冲突可控试验中,应根据试验目的和数据采集要求,设置试验人员年龄分布、性别组成、身高、体重以及服饰等。一般在城市轨道交通车站正向冲突客流行为试验中,可随机选取 50 名试验人员,年龄分布在 19~23 岁之间,其中男女各 25 人,男女比例为 1∶1,试验人员身高限制在 1.85m 以下。其他行人影响因素如体重、衣服、背包可均为随机状态。

图 4-6　试验设施

最后,试验前还需将试验人员分别编号,如若按照上述标准设置试验人员的相关属性,可采取 1~25 号为一队、26~30 号为一队的方法,并在试验过程中给每组戴不同颜色的帽子,可选择颜色较为鲜明的帽子,如黑色和红色等,以便图像检测与跟踪,顺利完成后期数据采集和分析处理工作。

2. 试验方案

正式试验开始前,应要求每个试验人员以其正常步速按照试验程序完成 3 次通行,进一步熟悉试验流程和试验环境,确保获取的数据准确有效。

根据美国交通运输协会《公共交通通行能力与服务质量手册》第 3 版可知,城市轨道交通车站内双向通道的通行能力为 4000 人/(h·m)。在行人可控试验中,应以控制变量法为基础,采集不同正向冲突行人流量条件下的行人运动数据,从而探索正向客流在冲突过程中的特征规律。以北京市为例,结合北京市城市轨道交通车站的调研,可确定在3000人/(h·m)、4000人/(h·m)及5000人/(h·m)的流量条件下,针对流量比为1:1的正向冲突客流进行试验。同时,还应注意不同流量条件下每组应分别开展3次试验,采集试验数据并观测效果。

3. 结果分析阶段

在试验过程中,当试验人员进入场景中时,他们的运动行为会被顶部的摄像机全程记录。视频数据提取的基本原理是通过建立数据库,将视频中行人的移动转化为时间轴上行人坐标的连续变化,根据数据需求提取数据库中的指标。数据库的建立主要是基于行人在坐标系内移动时的坐标改变,通过数据库中的字段来准确计算行人所在位置和通过研究区域所花费的时间、运动速度、运动加速度以及行人流量、密度等基础信息,进而量化行人的宏观和微观特性。

试验数据的获取一般运用行人运动标定软件,并通过手动的方式逐帧标定行人个体的运动数据,以避免自动捕捉对数据结果造成的误差。同时,试验数据获取应以预设间隔作为数据标定时间段,一般以0.02s为时间单位,从而确保数据能够准确反映行人的运动情况。同时,借助软件输出功能,以试验数据要求格式输出。试验数据获取的过程如图4-7所示。

a)冲突试验

b)数据采集

图 4-7

 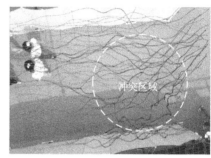

c)轨迹标定　　　　　　　　d)运动轨迹

图 4-7　行人试验数据获取

## 第三节　正向冲突客流仿真建模

由于社会力模型在行人交通模拟中的独特优势,可按照第三章第四节中介绍的建模方法,基于视频调查与行人可控试验获得数据标定模型中的关键表征参数,建立正向冲突客流仿真模型。借此通过大量的数值模拟试验,为正向冲突客流行为分析提供手段与依据,从而分析不同流量下正向冲突行人流的行为。

### 一、模型选取

通过对不同数值模拟建模方法的比较,发现社会力模型在描述行人交通的行为机理、交互作用、时空要素及模型精度方面更适用于城市轨道交通车站正向冲突客流行为研究。其原因主要包括以下 4 点:

1. 在模拟行人交通行为方面更加真实

行人交通行为是在环境、心理、行为三要素联动模式的影响下产生的,这与无网格模型中考虑行人自身、吸引目标及周围环境三方面因素的模型构建原理是高度一致的。在行人交通中,行人个体之间运动特征存在明显差异性,与机动车严格的行驶、换道规则明显不同。

### 2. 在模拟行人间的交互作用方面更加合理

行人在参与交通过程中,通常会与周边个体发生躲避、让行、等待、竞争等交互行为,并非在设定的统一规则下按部就班地行进。社会力模型基于复杂的力学数学模型,能够真实反映行人在交互过程中与周边行人间的相互作用,对于模拟行人冲突等复杂状态下的步速、加减速度、转角等微观特征参数的变化具有优势。

### 3. 在模拟时空要素表示方法方面更加恰当

行人运动过程中无时无刻不受到周围人群、周边环境的影响,随时可能调整运动方向和行进速度。社会力模型中行人的坐标、时间都是连续的,模型在每一时刻都会计算下一步行人的运动速度和行进方向。

### 4. 在模拟精度方面更高

在高密度客流冲突过程中,会引起由于客流拥挤导致的乘客空间压缩及步幅紊乱的微观特征变化。

## 二、参数标定

选取社会力模型建模一般应对模型中核心的行人个体特征参数、行人间作用力参数及障碍物作用力参数进行参数标定,往往采用定量分析方法,通过行人试验采集的行为数据,标定适用于高密度冲突客流的社会力模型核心参数,并应用于后续的冲突机理分析建模。若在模型中某一参数标定量化较困难,可借鉴行人模拟软件中的参数设置方法,将对应参数离散化处理,通过试验结果定性观测,从而确定离散值中的最优参数。

### 1. 驱动力参数

驱动力是模型中最重要的作用力,它决定着行人以期望的速度朝向目的地运动,因此,驱动力模型中相关变量的设定直接影响模拟结果的准确程度。根据第三章中的描述,驱动力主要由期望速度和弛豫时间决定。

在行人试验中,依据对行人个体在预设时间段内的数据标定,能够获得行人个体在某一时刻的瞬时速度。在冲突试验过程中,行人从进入试验场景开始,先后经过 5 个区域,运动状态发生 5 次变化,如图 4-8 所示。其中,行人在离开冲突区后,会经历一个加速过程,加速阶段结束后,行人速度最终达到一个稳定值,并会以该速度平稳行走一段时间。这个平稳的速度即为行人个体的期望速度。

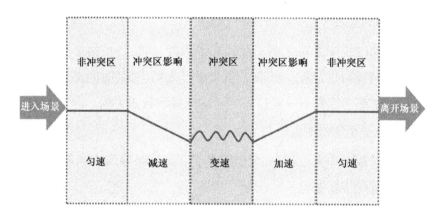

图 4-8　试验场景中不同区域内行人速度的变化情况

根据模型中对弛豫时间物理意义的表述,弛豫时间是指行人从加速时刻起,至其速度达到期望速度所需要的特征时间。弛豫时间越长,行人个体到达其期望速度的时间越长。国外研究中通常设定弛豫时间为固定值 0.5s,该时间内要求至少有 63% 的行人达到期望速度,但实际上,由于期望速度是行人个体的心理需求,受多方面因素影响,不同人的期望速度亦有所不同。同时,弛豫时间也与行人运动环境相关,在冲突条件下,行人离开冲突区的心理需求时间会有所缩短。因此,应对不同行人流个体数据进行标定,获取试验人员平均期望速度与平均弛豫时间。以下为某次行人可控试验所采集的数据,见表 4-3。

第四章　正向冲突客流行为机理

冲突状态下行人个体的期望速度和弛豫时间　　　　表4-3

| 行人编号 | 弛豫时间(s) | 期望速度(m/s) | 行人编号 | 弛豫时间(s) | 期望速度(m/s) |
|---|---|---|---|---|---|
| 1 | 0.84 | 1.58 | 26 | 1.04 | 1.49 |
| 2 | 1.18 | 1.94 | 27 | 1.26 | 2.26 |
| 3 | 0.80 | 1.82 | 28 | 0.60 | 1.36 |
| 4 | 0.48 | 1.65 | 29 | 0.84 | 2.03 |
| 5 | 0.36 | 2.56 | 30 | 1.36 | 1.60 |
| 6 | 0.48 | 1.74 | 31 | 0.50 | 1.30 |
| 7 | 0.32 | 1.46 | 32 | 0.46 | 1.61 |
| 8 | 0.58 | 1.49 | 33 | 0.52 | 1.72 |
| 9 | 0.34 | 1.91 | 34 | 0.58 | 1.67 |
| 10 | 1.44 | 1.67 | 35 | 0.34 | 1.46 |
| 11 | 0.70 | 1.39 | 36 | 0.52 | 1.65 |
| 12 | 0.78 | 1.20 | 37 | 0.54 | 1.73 |
| 13 | 0.38 | 1.78 | 38 | 0.74 | 1.50 |
| 14 | 0.34 | 1.31 | 39 | 0.48 | 1.73 |
| 15 | 0.44 | 1.81 | 40 | 0.62 | 1.34 |
| 16 | 0.42 | 1.50 | 41 | 0.54 | 1.74 |
| 17 | 0.36 | 1.44 | 42 | 0.92 | 1.81 |
| 18 | 0.40 | 1.66 | 43 | 0.34 | 1.70 |
| 19 | 0.34 | 1.50 | 44 | 0.36 | 1.73 |
| 20 | 0.58 | 1.69 | 45 | 0.84 | 1.85 |
| 21 | 0.52 | 1.58 | 46 | 0.70 | 1.57 |
| 22 | 0.36 | 1.49 | 47 | 0.64 | 1.46 |
| 23 | 0.70 | 1.34 | 48 | 0.58 | 1.42 |
| 24 | 0.58 | 1.4 | 49 | 0.36 | 1.54 |
| 25 | 0.36 | 1.66 | 50 | 0.50 | 1.36 |

## 2. 行人作用力参数

行人在行进过程中,为避免和他人发生身体接触或碰撞,通常会与之保持一定的安全距离,通常把这种关系称为行人的"心理空间"或"空间关系"。行人之间的作用力就反映了行人的这种社会关系。根据式(3-7)中的描述,行人作用力参数主要由行人间的作用强度(影响力)$A_i$和作用距离(影响范围)$B_i$决定。

一般行人在发生冲突时约有53%的概率会选择向右避让,这也较为符合中国人靠右行走的特点。但是,行人的空间范围是随密度变化呈减函数变化的,当在通道中出现高密度客流时,行人间作用力的影响范围反而缩小,行人被迫接受较小的空间间距。

行人空间是指在人行通道或有行人排队处,每个行人需要提供的平均面积。行人空间包括静态空间和动态空间。静态空间是指行人的身体在静止状态下所占的空间范围,行人身体所占的空间通常是指前胸后背的厚度和两肩宽度。动态空间是指行人在运动状况下对空间的需求范围,通常由步幅区域和感应区域组成。步幅区域是由行人的步幅大小决定的;感应区域是指行人在运动时为自身预留一个用于避让的空间。无论静态空间还是动态空间,随着行人流量及密度的增加,行人的空间都会受到限制。

国内外学者对行人间作用力(也称社会力)的影响范围和作用力也做过相应研究(表4-4),认为行人之间社会力的影响范围在 0.18~0.3m 之间,0.18m 的最小影响范围也与行人的静态空间需求基本相符。由于社会力模型中行人作用力参数很难量化,因此借鉴行人模拟软件中的参数设置方法,将作用强度参数 $A_i$ 和作用距离 $B_i$ 离散化,其中 $A$ 和 $B$ 设置的离散值分别为:

$$A = \{0.3, 0.6, 0.9, 1.2, 1.5, 1.8, 2.1\}$$

$$B = \{0.18, 0.20, 0.22, 0.24, 0.26, 0.28, 0.30\}$$

影响范围和作用力分析　　　　　　　　表4-4

| 研究学者 | 行人相互作用 | 行人相互作用范围(m) | 行人相互作用力(N) |
|---|---|---|---|
| BLUE V J、ADLE J L | 矩形 | 0.25 | — |
| SHAO W、TERZOPOULO D | 扇形 | 0.18 | — |
| OSARAG T | 半椭圆形 | 0.20 | — |
| APE M、WALDEER K D | 圆形 | 0.30 | 2.1 |

而通常情况下,行人在通道内行走,其影响范围非常小,尤其在冲突区域内,几乎是人挨着人,肩膀贴得很近,如图4-9所示。因此,可以将离散值中的最小值作为行人作用力参数,认为其适用于高密度下正向冲突的客流模拟。

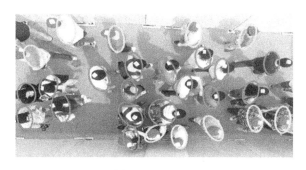

图4-9　冲突试验中行人的空间范围

**3. 障碍物作用力参数**

客流在换乘过程中,通道的边界约束效应对行人通行的影响是显著的,尤其是在两股高强度的客流发生冲突时,客流激增会导致行人空间需求增大,进而压缩行人常态下与边界的空间距离。

图4-10是分别在3000 人/(h·m)、4000 人/(h·m)及5000 人/(h·m)的流量条件下进行的某次行人正向冲突可控试验中,行人在通道中朝两个不同方向的运动轨迹。由图可知,行人在通行过程中基本处于通道的中心位置;但两侧的行人在运动过程中更愿与墙壁保持一定安全距离。从行人坐标

位置变化来看,行人存在偏右行走特征。

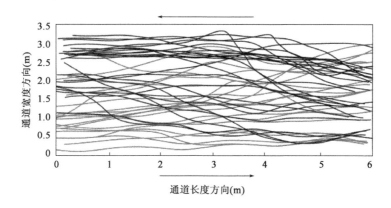

图 4-10　正向客流冲突下行人的运动轨迹特征

在进行障碍物作用参数标定时,可通过不同流量条件下的行人正向冲突可控试验,通过对试验标定数据的筛选,选取试验过程中通道两侧运动的行人作为受墙壁作用力的分析对象,获取不同流量条件下行人离墙壁的最近距离和平均距离,从而确定模型中障碍物作用参数。图 4-11 为某次正向行人试验中在 3000 人/(h·m)、4000 人/(h·m) 及 5000 人/(h·m) 的流量条件下行人与墙壁的作用距离。由图可知,在高流量冲突条件下行人与墙壁之间作用力的影响范围在 35cm 左右。在正常条件下,行人个体在通道中与墙壁的距离通常保持在 40~55cm 之间,这就说明高强度的客流冲突会导致行人与墙壁之间相互作用的可接受空间压缩,即行人在运动过程中与墙壁间保持的距离小于 35cm 时,墙壁会对冲突客流产生排斥力。

### 三、模拟试验

基于表 1-2,在模拟试验过程中,可将流量下限值设置为 23 人/(min·m),上限值设置为 100 人/(min·m),并在流量范围内划分多个水平,每个水平下进行多次模拟试验,以避免低样本量对分析结果的影响。

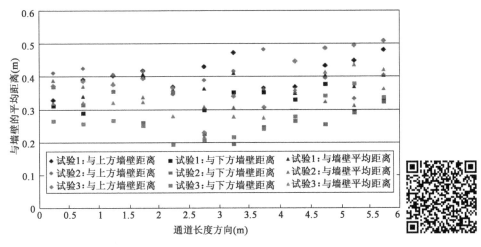

图 4-11　不同条件下行人与墙壁的距离(附彩图)

此外,在模拟条件设置中,应预设好通道宽度和长度,通常可设置为宽 3.5m、长 100m;同时确保行人分别从通道两侧入口进入,以均匀分布方式生成。图 4-12 为正向客流冲突的全过程,其中:左侧端点行人用白色表示,自左向右行走;右侧端点行人用蓝色表示,自右向左行走,划分为模拟开始-冲突产生-冲突蔓延-自组织形成-冲突消散-冲突结束 6 个阶段。

冲突开始前,双方向的换乘客流均匀分布在通道两侧;当双方向客流正面相遇时,客流冲突开始产生,行人为避让对向行人而被迫进行方向调整;当冲突发生一段时间后,冲突区域通行能力降低,影响后方行人通行,造成通行时间延误,冲突进入蔓延阶段;随着时间的推移,行人的跟随特征引起客流明显的自组织分层特性,此时客流运动状态相对稳定;当通道中的换乘客流消失时,行人冲突逐渐消散,通道恢复至常态。

## 四、模拟试验验证

正向冲突客流仿真模型合理性验证是保障正向冲突客流特性分析的重要环节,所建立模型的准确性可以从 3 个方面进行验证。

a)阶段1：模拟开始

b)阶段2：冲突产生

c)阶段3：冲突蔓延

d)阶段4：自组织现象

e)阶段5：冲突消散

f)阶段6：冲突结束

图 4-12　客流冲突各阶段的仿真图（附彩图）

1. 行人自组织特性

在同样的通道环境下，与实际场景中相似，在正向运动的高密度客流条件下，若"模拟单元"均自发地形成了典型的自动渠化现象和类似"车道"的分层特征，且层数与实际相似，则可认为所建立模型在行人自组织特性方面较为符合实际。

## 2. 行人与墙壁的空间距离

在现实场景中,从两侧运动的行人可以发现,行人与墙壁的距离基本保持在一个行人空间,个别行人受周边行人影响与墙壁距离较近。若数值模型较为真实地模拟行人与墙的空间距离时,与现实场景基本一致,则认为模型中墙壁作用力系数能够准确地反映墙壁对行人运动的干扰,符合现实环境。

## 3. 行人间的空间距离

行人间距是验证数值模型准确性的另一关键因素。现实场景中,在4m宽的通道中,每排的行人中均有6~8人。若标定模型输出的图像结果与现实场景基本相符,则可认为构建的社会力模型能够准确地反映现实场景下客流的运动状态。

## 第四节 正向冲突客流基本特性

在城市轨道交通车站内,客流组成极为复杂,众多乘客来自城市的各个方向,出行方向、目的地也各不相同。乘客快速行走、右侧通行、抄近路、识途性、向光性、从众性等特征往往会导致客流冲突的发生。正向客流冲突相较于其他冲突类型所占比重最大,其对行人流的影响也较大,自身具有显著特性。同时,正向冲突客流与其他设施区的冲突客流也较不相同,同样存在明显的特点。

### 一、正向冲突客流特性

正向冲突客流特性可通过行人可控试验分析得到。通常情况下,可通过采集试验中行人的运动参数,如速度、行走时长、行走距离等,直接刻画正向冲突客流的行为特性。表4-5为北京工业大学高密度客流行为研究组针对正向冲突客流进行的行人试验的统计结果。

**不同流量下行人运动特征的统计结果**　　　　　表4-5

| 流量<br>[人/(h·m)] | 参数 | 单位 | 样本量 | 最小值 | 最大值 | 中位值 | 均值 | 标准偏差 |
|---|---|---|---|---|---|---|---|---|
| 3000 | 速度 | m/s | 8365 | 1.06 | 2.44 | 1.68 | 1.65 | 0.20 |
|  | 行走距离 | m | 50 | 6.08 | 6.92 | 6.35 | 6.37 | 0.28 |
|  | 行走时长 | s | 50 | 2.00 | 4.80 | 3.65 | 3.64 | 0.47 |
| 4000 | 速度 | m/s | 13112 | 0.35 | 2.30 | 1.30 | 1.32 | 0.35 |
|  | 行走距离 | m | 50 | 6.44 | 7.30 | 6.79 | 6.79 | 0.19 |
|  | 行走时长 | s | 50 | 3.20 | 6.60 | 5.20 | 5.15 | 0.67 |
| 5000 | 速度 | m/s | 13021 | 0.01 | 2.49 | 1.26 | 1.24 | 0.44 |
|  | 行走距离 | m | 50 | 6.01 | 7.38 | 6.49 | 6.42 | 0.36 |
|  | 行走时长 | s | 50 | 3.40 | 8.00 | 5.03 | 5.18 | 1.10 |

由表可知,正向冲突客流存在以下特点:

1. 在高流量冲突情况下,行人个体运动速度较低

当流量达到5000人/(h·m)时,行人的平均速度仅为1.24m/s,低于4000人/(h·m)时的1.32m/s,远低于3000人/(h·m)时的1.65m/s。行人的速度与行人的冲突强度显著相关。同时,在高流量冲突情况下行人的运动出现明显的波动特征。

2. 在冲突过程中,会形成乘客个体短时驻留现象

统计结果显示,当客流冲突流量达到5000人/(h·m)时,行人运动速度的最小值仅为0.01m/s,说明该乘客在此时间段内因客流冲突而出现了明显驻留。

3. 行人个体行走距离更长

多数行人在避让对象行人的过程中被迫行走较长距离,严重影响了乘客行走的便捷性。

4. 在高流量冲突情况下,乘客个体的行走时间变长

行人在场景中通过时间有明显差别,其中最长时间为8s,是最短时间的4倍。冲突客流延长了行人的通行时间,影响乘客的通行效率。

由此可见,高流量的正向冲突客流在降低行人速度的同时,延长了行人

通行距离和时间。

### 二、正向冲突客流行为的外在差异

与其他设施区域高密度客流特性相比,正向冲突条件下客流行为具有以下特点:

1. 冲突区流量的激变性

由于换乘站客流具有短时、激增、高强度的特性,高密度客流冲突常发于城市轨道交通换乘站。冲突区的形成与列车到站时间有显著的相关性,当列车达到后一段时间,该区域的客流量将出现明显激增。

2. 客流冲突的周期特征

受换乘客流的周期特性特点影响,高密度的客流冲突区也呈现明显的周期性,但周期时长与客流总量密切相关。

3. 客流冲突范围受边界约束影响大

调查发现,当无边界约束的站台出现客流冲突时,随着客流强度的增大,冲突区域范围相对扩大,趋近于圆形;当客流冲突发生在通道、楼梯入口等空间受限的区域时,乘客之间的空间会被压缩,冲突边界会出现反射波,并进一步蔓延,甚至发生排队或拥堵。

4. 不同冲突客流比例下,冲突中心点位置有所偏移

城市轨道交通枢纽内到站客流是动态变化的,调研过程中发现,冲突流量、冲突流量比例变化均会导致冲突中心的位置偏移,即当双向冲突客流比例为1∶1时,冲突中心点主要集中在冲突区域的中心位置;当双向冲突客流比例为1∶2时,冲突中心点会偏移至客流量较大的一侧。

## 第五节　正向冲突客流微观行为特性

客流微观行为特性侧重于行人个体行为的特征分析,更有助于掌握在冲突行为下行人个体在冲突各阶段的演化规律。通常可以借助对通道内正向

冲突客流的数值模拟试验,获取以预设时间步长的行人运动数据,运用数据分析软件,分别从冲突演化阶段、演化时间与行人微观转角分析城市轨道交通车站内正向冲突行人微观特性。

## 一、冲突演化阶段

客流发生冲突的重要标志是运动转角发生明显变化,行人为避让对向行人会有意调整行进角度。在冲突产生、冲突蔓延及冲突消散的演化过程中,一般可通过行人在冲突范围内转角的变化程度来量化演化阶段的时间阈值,进而实现冲突演化阶段判别。行人运动转角的变化,通常与冲突发生的位置、时间和客流强度密切相关。图4-13为笔者开展的行人试验中不同流量下冲突区域和影响区域内行人平均运动转角按时间序列的演化情况,其中,$y$轴表示冲突流量(Volume)的区间范围;$x$轴按发生冲突的时间(Time)序列进行排列;$z$轴表示当前条件下该区域内行人的平均转角(Turning Angle)。

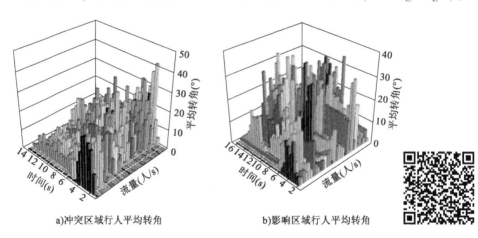

图4-13 不同流量下各冲突区域内行人的运动转角变化(附彩图)

由图4-13a)可以看出,在冲突区域范围内,在每个流量条件下均存在一个临近时刻 $T_0$,即冲突转角的最大值时刻。在 $T_0$ 时刻前,为冲突产生阶段,转角呈现了明显的线性增长,转角在短时间内达到最大值,此时区域内的行人冲突最激烈、最显著,同时安全性、舒适性最差;在 $T_0$ 时刻后,冲突进入蔓延阶段,行人冲突转角随时间缓慢减小,逐渐趋于平稳。这是由于在冲突初始时刻,在各自队列前方的部分行人之间会首先发生冲突,转角均值较低,但当高强度的客流整体相遇时,受行人间避让、压缩、边界效应等叠加作用,运动方向变化频繁,转角突然增大;但随着行人自组织特性的形成,转角会稳定在一定范围内。

由图 4-13b)可以看出,受冲突区客流的冲突影响,影响区内存在临近时刻 $T_1$,是平均转角最大值时刻。在 $T_1$ 时刻前,为冲突蔓延阶段,冲突转角随时间缓慢变大,达到最大值的时间相对较长,此阶段行人转角变化主要受到前方冲突瓶颈和对向行人的叠加干扰;在 $T_1$ 时刻后,为冲突消散阶段,受行人自组织特性影响,行人形成了明显的分层现象,导致运动转角变化较小。

为了更好地掌握客流冲突过程中转角 $\alpha$ 与时间的演化规律,图 4-14 又给出了客流冲突演化阶段的时间判别方法。从冲突初始时刻至冲突区平均转角达到最大值 $\alpha_0$ 的时刻 $T_0$,为冲突产生阶段,冲突区内行人平均转角随时间增加而增大;从 $T_0$ 时刻到影响区平均转角达到最大值 $\alpha_1$ 的时刻 $T_1$,为冲突蔓延阶段,冲突影响区内行人平均转角继续随时间增加而增大;从 $T_1$ 时刻到冲突结束时刻,为冲突消散阶段,受冲突影响的行人平均转角逐渐减小,直至冲突结束。

## 二、冲突流量-演化时间关系

基于冲突演化阶段的划分方法,可得到行人试验中不同流量水平下客流冲突演化各阶段的时长,见表 4-6。通过绘制流量-冲突产生时长、流量-冲突蔓延时长散点图,并通过一元线性方程、二次曲线及三次曲线对散点图进行曲线函数拟合,构建数学模型,可得到冲突流量与演化各阶段时长的关系。

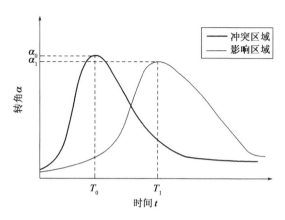

图 4-14 客流冲突演化阶段的判别方法

注：由于冲突消散时间与双向客流持续时间密切相关，且行人运动趋向呈现自组织特征，运动方向改变较小，因此当前时间范围不包含冲突消散阶段。

不同流量下客流冲突演化时长 表 4-6

| 流量<br>[人/(min·m)] | 产生时长<br>(s) | 蔓延时长<br>(s) | 流量<br>[人/(min·m)] | 产生时长<br>(s) | 蔓延时长<br>(s) |
| --- | --- | --- | --- | --- | --- |
| 23 | 0.8 | 2.2 | 63 | 2.6 | 5.4 |
| 25 | 0.9 | 2.7 | 65 | 3.2 | 6.4 |
| 28 | 1.1 | 3.4 | 68 | 2.2 | 5.6 |
| 30 | 1.3 | 3.6 | 70 | 3.2 | 7.2 |
| 33 | 1.2 | 2.0 | 73 | 3.3 | 5.8 |
| 35 | 1.5 | 4.5 | 75 | 2.1 | 7.2 |
| 38 | 0.4 | 2.7 | 78 | 3.1 | 6.4 |
| 40 | 0.7 | 3.9 | 80 | 2.9 | 6.9 |
| 43 | 2.0 | 4.8 | 83 | 3.6 | 6.5 |
| 45 | 2.4 | 5.3 | 85 | 4.0 | 7.4 |
| 48 | 1.8 | 2.9 | 88 | 2.5 | 7.6 |
| 50 | 1.7 | 3.6 | 90 | 3.4 | 7.8 |
| 53 | 2.0 | 5.2 | 93 | 3.6 | 6.9 |
| 55 | 2.7 | 3.4 | 95 | 3.9 | 7.3 |
| 58 | 2.7 | 4.0 | 98 | 4.3 | 7.9 |
| 60 | 2.8 | 2.9 | 100 | 4.1 | 7.2 |

## 1. 流量-冲突产生时长

从图 4-15 中拟合曲线形式来看,三次曲线形式基本一致,考虑到模型的简易性,选择模型较为简单的一元线性模型,并得到流量 $Q$ 与冲突产生时长 $T_f$ 之间的数学模型,如式(4-1)所示。

$$T_f = -0.136 + 0.42Q$$
$$23 \leqslant Q \leqslant 100, R^2 = 0.816 \tag{4-1}$$

式中:$Q$——流量,人/(min·m);

$T_f$——冲突产生时长,s。

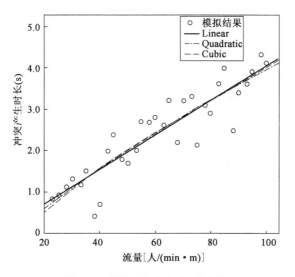

图 4-15　流量-冲突产生时长散点图

由图所示,流量与冲突产生时长呈明显的正相关性,冲突产生时长在 0.5~4s 之间随流量的增大而增长。这反映出当冲突流量增大时,冲突区内行人间的相互作用时间增长,行人在运动过程中的转角变化越发频繁,达到最大平均转角的时间需求越大。

## 2. 流量-冲突蔓延时长

从图 4-16 中拟合曲线形式来看,三次曲线的拟合度高于其他曲线,因此,选择三次曲线进行建模,并得到流量 $Q$ 与冲突蔓延时长 $T_s$ 的拟合曲线和函数模型,如式(4-2)所示。

$$T_s = 4.532 - 0.147Q + 0.004Q^2 - 2.045 \times 10^{-5}Q^3$$
$$23 \leqslant Q \leqslant 100, R^2 = 0.801 \tag{4-2}$$

式中:$Q$——流量,人/(min·m);

$T_s$——冲突蔓延时长,s。

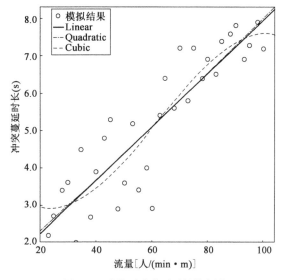

图4-16 流量-冲突蔓延时长散点图

由图所示,当流量低于30人/(min·m)时,冲突蔓延长基本保持在3s。其原因为:在相对较低的冲突流量下,由于行人的运动空间较大,冲突行人微增对行人运动产生较小影响。当流量处于30~90人/(min·m)区间时,冲突蔓延时长随流量的增大而增长,说明行人间的相互影响作用加强,冲突蔓延时长处于3~7.5s区间。当流量高于90人/(min·m)时,冲突蔓延时长基本保持不变。

### 三、冲突流量-运动转角关系

通过对行人试验中不同流量下客流冲突时长的确定,可得到不同流量下冲突区与影响区的运动转角,见表4-7。通过绘制冲突区和影响区内流量-运动转角散点图,并通过一元线性方程、二次曲线及三次曲线对散点图进行曲线函数拟合,构建数学模型,可得到冲突流量对行人运动的影响机理。

不同流量下冲突区与影响区的运动转角　　　　　　表4-7

| 流量<br>[人/(min·m)] | 冲突区<br>转角(°) | 影响区<br>转角(°) | 流量<br>[人/(min·m)] | 冲突区<br>转角(°) | 影响区<br>转角(°) |
|---|---|---|---|---|---|
| 23 | 10.68 | 5.81 | 63 | 20.18 | 11.89 |
| 25 | 12.16 | 6.66 | 65 | 15.83 | 11.76 |
| 28 | 14.63 | 8.72 | 68 | 17.21 | 12.23 |
| 30 | 14.04 | 9.16 | 70 | 19.30 | 10.77 |
| 33 | 16.52 | 8.35 | 73 | 18.38 | 11.13 |
| 35 | 14.77 | 9.02 | 75 | 22.80 | 9.79 |
| 38 | 20.61 | 10.00 | 78 | 22.84 | 13.16 |
| 40 | 17.55 | 9.49 | 80 | 21.85 | 11.29 |
| 43 | 13.80 | 9.33 | 83 | 19.10 | 10.81 |
| 45 | 15.74 | 8.27 | 85 | 18.97 | 9.63 |
| 48 | 19.56 | 10.05 | 88 | 23.77 | 10.18 |
| 50 | 20.04 | 11.68 | 90 | 19.78 | 13.20 |
| 53 | 15.48 | 11.56 | 93 | 23.31 | 11.56 |
| 55 | 15.64 | 10.26 | 95 | 27.90 | 12.67 |
| 58 | 18.90 | 9.37 | 98 | 24.25 | 13.26 |
| 60 | 20.83 | 10.06 | 100 | 24.96 | 13.61 |

**1. 流量-冲突区转角**

从图4-17中拟合曲线形式来看,通过对行人试验中流量与冲突区转角数据的拟合,三次曲线的调整$R^2$远高于其他拟合曲线,因此,确定三次曲线为选择模型,并得到流量$Q$与冲突区转角$A_C$的拟合曲线和数学模型,如式(4-3)所示。

$$A_C = -4.111 + 1.009Q - 0.016Q^2 + 8.583 \times 10^{-5}Q^3$$
$$23 \leqslant Q \leqslant 100, R^2 = 0.721 \tag{4-3}$$

式中:$Q$——流量,人/(min·m);

$A_c$——冲突区运动转角,(°)。

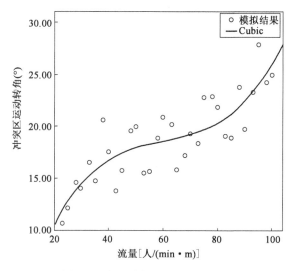

图 4-17　流量-冲突区运动转角散点图

如图 4-17 所示,冲突区运动转角随冲突流量的增长而增大。当流量低于 40 人/(min·m)时,冲突区内行人的运动转角增大较快;当流量处于 40～80 人/(min·m)区间时,冲突区内行人的运动转角增大速度相对较缓,但继续增大;当流量高于 80 人/(min·m)时,行人运动状态极不稳定,运动转角明显增大。

2. 流量-影响区转角

从图 4-18 中拟合曲线形式来看,三次曲线拟合度远高于其他拟合曲线,因此,确定三次曲线为选择模型,并得到流量 $Q$ 与影响区转角 $A_i$ 的拟合曲线和数学模型,如式(4-4)所示。

$$A_i = -4.441 + 0.678Q - 0.01Q^2 + 5.158 \times 10^{-5}Q^3$$
$$23 \leqslant Q \leqslant 100, R^2 = 0.720 \tag{4-4}$$

式中:$Q$——流量,人/(min·m);

$A_i$——影响区运动转角,(°)。

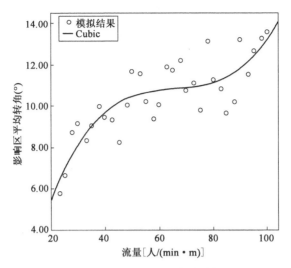

图4-18 流量-影响区运动转角散点图

由图可知,行人试验中影响区运动转角随冲突流量的增长而增大,变化规律与冲突区基本相同,但转角变化区间小于冲突区。当流量低于40人/(min·m)时,影响区内行人的运动转角增大较快;当流量处于40～80人/(min·m)区间时,影响区内行人的运动转角缓慢增大;当流量高于80人/(min·m)时,影响区内行人的运动转角明显增大。

## 四、客流冲突范围

冲突区域面积是量化冲突影响程度的基础判别因素之一,通过数值模拟数据,可量化流量与冲突区、影响区的对应关系。通常情况下,可在冲突点、冲突中心点、冲突区范围、影响区范围判定的基础上,分别绘制流量-冲突点数量散点图、流量-冲突区面积散点图及流量-影响区面积散点图,并通过一元线性方程、二次曲线及三次曲线对散点图进行曲线拟合,选择最优拟合曲线,构建数学模型,以分析客流冲突范围与相关因素的对应关系。

1. 流量-冲突点

从图4-19中拟合曲线形式来看,三次曲线的拟合效果较好,但由于冲突点的产生由速度降低比例决定,冲突点数量应随流量的增大而增多,因此,选择 S 形曲线为选择模型,得到本次行人试验流量 $Q$ 与冲突点数量 $N$ 的散点图和数学模型,如式(4-5)所示。

$$N = e^{6.417 - \frac{44.857}{Q}}$$

$$23 \leqslant Q \leqslant 100, R^2 = 0.796 \qquad (4-5)$$

式中:$Q$——流量,人/(min·m);

$N$——冲突点数量。

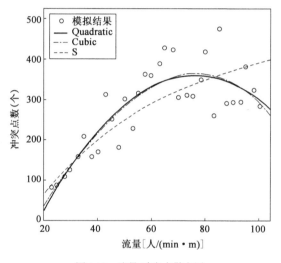

图 4-19　流量-冲突点散点图

从图中可以看出,流量与冲突点数量呈现较强的正相关性,冲突点数量的增长趋势随流量的变化逐渐变缓,这反映出流量能够对客流冲突造成显著影响。但当流量增大时,行人速度出现下降的客流比例会有所下降,主要由于受边界约束,高强度的冲突客流在冲突范围内形成了"瓶颈效应",行人可用行走空间受到压缩,均以低速度通过该区域,进而影响行人速度调整。

2. 流量-冲突范围

基于数值模拟试验中获取的 32 个流量水平下的冲突区、影响区、冲突-

影响区面积(指冲突区与影响区的面积总和),对流量与区域面积进行曲线拟合,并选取能够反映现实对应关系的模型。发现冲突区、影响区、冲突-影响三者与流量的拟合度较高,并得到线性回归拟合图和数学模型,分别如图 4-20～图 4-22、式(4-6)～式(4-8)所示。

(1)流量-冲突区数学模型

$$S_{冲突区} = -4.357 + 0.583Q - 0.007Q^2 + 2.436 \times 10^{-5}Q^3$$

$$23 \leqslant Q \leqslant 100, R^2 = 0.775 \qquad (4\text{-}6)$$

式中:$Q$——流量,人/(min·m);

$S_{冲突区}$——冲突区面积,$m^2$。

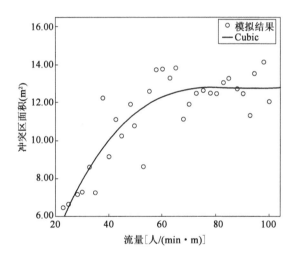

图 4-20　流量-冲突区散点图

(2)流量-影响区数学模型

$$S_{影响区} = -6.051 + 0.497Q - 0.007Q^2 + 3.124 \times 10^{-5}Q^3$$

$$23 \leqslant Q \leqslant 100, R^2 = 0.661 \qquad (4\text{-}7)$$

式中:$Q$——流量,人/(min·m);

$S_{影响区}$——影响区面积,$m^2$。

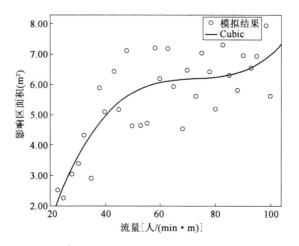

图 4-21 流量-影响区散点图

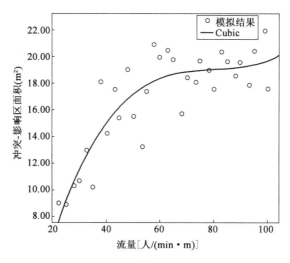

图 4-22 流量-冲突-影响区散点图

(3) 流量-冲突-影响区数学模型

$$S_{\text{冲突-影响区}} = -10.408 + 1.080Q - 0.013Q^2 + 5.560 \times 10^{-5}Q^3$$
$$23 \leqslant Q \leqslant 100, R^2 = 0.768 \quad (4-8)$$

式中：$Q$——流量，人/(min·m)；

$S_{\text{冲突-影响区}}$——冲突区与影响区面积总和，$m^2$。

通过对流量与冲突范围的曲线拟合,可以看出冲突范围均随冲突流量的增大而增大,但在不同流量的区间范围内,变化趋势有所差别,这也与冲突演化过程中行人的行为特性密切相关。

此外,依照表1-2中通道服务水平的划分方法,将三条拟合曲线按服务水平进行分段分析,得到本次试验流量与区域面积变化情况,如图4-23所示。

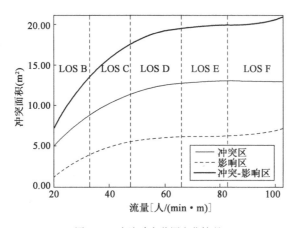

图4-23 客流冲突范围变化情况

对于冲突区来说,当通道内的服务水平处于C级以下时,冲突面积增幅最为明显,冲突面积在$6\sim11m^2$范围内,说明在流量相对较低的条件下,客流冲突对行人的运动空间影响较大,主要原因是冲突过程中行人会采取提前避让的方式躲避冲突,因此个体空间需求相对更大,冲突点的离散导致冲突区面积随流量增加明显;当服务水平处于D级时,冲突面积出现缓慢增幅,仅在$11\sim13m^2$范围内,说明在当前条件下,行人的运动空间受到了一定限制,主要原因是冲突客流受到边界限制和较大流量压力,行人间的空间距被进一步缩小,无法按个人意愿调整避让距离;当服务水平处于E、F级时,冲突的面积趋于定值,说明在流量达到一定程度后,冲突的面积将停止向外扩张,主要原因是受高密度的冲突客流影响,行人的运动空间受到严重制约。

对于冲突-影响区来说,当通道内的服务水平处于C级以下时,冲突-影响区面积增幅明显,冲突面积在 2~5.5m² 范围内,产生的现象和原因与冲突区基本一致;但当服务水平处于 D、E 级时,冲突区面积增长缓慢,面积在 5.5~6.5m² 范围内,说明行人空间冲突区滞留乘客及后方乘客的挤压,行走空间受到压缩,进而区域面积基本不变;当服务水平达到 F 级时,客流出现紊乱,冲突空间需求加速扩张,造成冲突影响区范围的蔓延。影响区面积与流量变化曲线中存在两个临界值,第一个临界点可认为是乘客开始明显感受到冲突影响的流量值,第二个临界点可认为是乘客运动特征出现明显紊乱的流量值。确定该值有助于枢纽内客流流线的设计与组织评价。

对于冲突范围来说,由于受冲突区和影响区的叠加影响,当服务水平处于 D 级以下时,冲突区域面积在 8~18m² 范围内,说明在该流量范围内,行人冲突影响的范围随流量的增大而明显增加,同时也反映出个体对空间需求的变化过程;当服务水平处于 E 级时,冲突范围增长缓慢,由于流量的增大导致行人间距的变小,从而空间增长趋势变缓;当服务水平处于 F 级时,由于通道空间约束及行人最小间距的限制,行人的运动步幅发生紊乱,冲突范围增加显著。

因此,冲突流量对冲突各区域的作用效果是有所差异的。当通道服务水平处于 C 级以下时,冲突区面积的增长较为明显;当服务水平处于 D、E 级时,冲突区面积基本稳定,影响区面积继续缓慢增长;当服务水平大于 F 时,冲突区面积出现了激增等不稳定现象。

# 第五章
# 交叉冲突客流行为机理

在城市轨道交通车站有限的空间内,当流向不同的两股或多股客流发生交叉时,会使乘客改变其步行速度或行进方向,从而产生客流冲突现象。特别是在站厅、通道口等多条流线混合区域,交叉冲突频繁发生。客流流线交叉会导致乘客减速或停止,严重影响乘客的通行效率和舒适感受,同时存在客流踩踏等安全隐患,非常不利于城市轨道交通车站的日常运作。

## 第一节 交叉客流冲突的定义及分类

### 一、交叉客流冲突的定义

交叉客流冲突是指两股或多股行人流相互交叉运动(行人流夹角为0°~180°),由于受到对向客流干扰,改变期望行进速度或方向,从而避免在行进过程中与对向行人流发生碰撞的现象。冲突区域为客流交叉位置,如图5-1所示。

### 二、交叉客流冲突的分类

根据冲突形式的不同,将交叉客流冲突按照冲突角度、冲突时间、冲突流量进行划分,完善交叉客流冲突的基础理论研究。交叉客流冲突类型划分如图 5-2 所示。

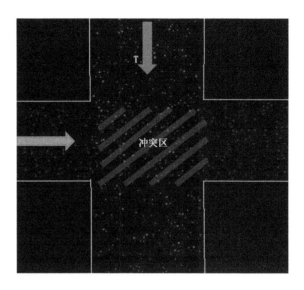

图 5-1  交叉客流冲突示意图

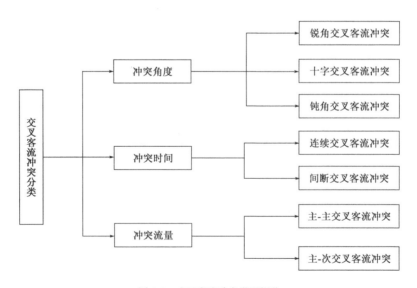

图 5-2  交叉客流冲突类型划分

1. 按冲突角度分类

(1) 锐角交叉客流冲突

锐角交叉客流冲突指两股或多股行人流相互交叉运动,行人流夹角为 $(0°,90°)$ 的交叉客流冲突,如图 5-3a) 所示。

(2) 十字交叉客流冲突

十字交叉客流冲突指两股或多股行人流相互交叉运动,行人流夹角为 $90°$ 的交叉客流冲突,如图 5-3b) 所示。

(3) 钝角交叉客流冲突

钝角交叉客流冲突指两股或多股行人流相互交叉运动,行人流夹角为 $(90°,180°)$ 的交叉客流冲突,如图 5-3c) 所示。

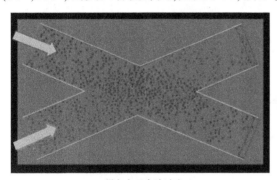
a) 锐角交叉客流冲突

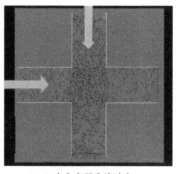
b) 十字交叉客流冲突

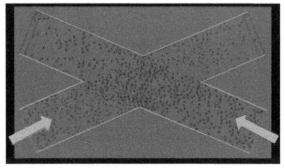
c) 钝角交叉客流冲突

图 5-3　按冲突角度分类

2.按冲突时间分类

(1)连续交叉客流冲突

连续交叉客流冲突指两股或多股到达连续不间断的行人流相互交叉运动(行人流夹角为 0°~180°)形成的交叉客流冲突,如图5-4a)所示。

(2)间断交叉客流冲突

间断交叉客流冲突指两股或多股到达呈间断性的行人流相互交叉运动(行人流夹角为 0°~180°)形成的交叉客流冲突,如图5-4b)所示。

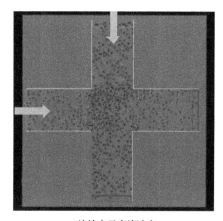
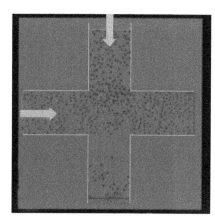

a)连续交叉客流冲突　　　　　　　b)间断交叉客流冲突

图 5-4　按冲突时间分类

3.按冲突流量分类

(1)主-主交叉客流冲突

主-主交叉客流冲突指两股或多股流量相当的行人流相互交叉运动(行人流夹角为 0°~180°)形成的交叉客流冲突,如图5-5a)所示。

(2)主-次交叉客流冲突

主-次交叉客流冲突指两股或多股流量不同的行人流相互交叉运动(行人流夹角为 0°~180°)形成的交叉客流冲突,如图5-5b)所示。其中,流量大的为主要客流,流量小的为次要客流。在城市轨道交通中,主-次交叉客流冲突以进站客流(流量小)和换乘客流(流量大)冲突最为明显。

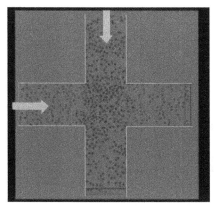
a)主-主交叉客流冲突

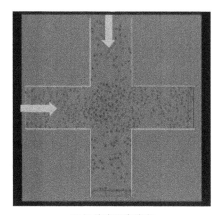
b)主-次交叉客流冲突

图5-5　按冲突流量分类

## 第二节　交叉冲突客流行为特征调查

为了能够全面、准确地获取城市轨道交通车站交叉冲突客流的行为数据,应采取视频调查以及行人试验相结合的调查方式。

### 一、视频调查

采用间歇式多次调查方法,在多个城市轨道交通车站的站点进行视频调查。筛选出交叉客流冲突明显的冲突区域,选择不影响乘客正常行走的点位布设摄像机,测量冲突区域的尺寸,获取较为理想的视频数据,为客流冲突特征的分析提供依据,具体调查方法按第三章第三节进行。交叉客流冲突视频调查如图5-6所示。

由于实地调查受城市轨道交通站厅内的空间、环境、设施位置及管理等多方面因素限制,调查人员现场采集的数据难以满足冲突形式的全面性及数据的可靠性要求。因此,可依托轨道物联网视频补充站点内交叉客流冲突的视频,选取合适的城市轨道交通站点进一步补充完善对客流冲突的调研。

图 5-7 为通过轨道物联网视频捕捉的客流交叉现象。

图 5-6 交叉客流冲突实景(一)

图 5-7 交叉客流冲突实景(二)

## 二、行人试验

由于交叉客流冲突具备多角度性、环流性及间断性三方面特点,应分别针对其组织行人试验,调查客流在交叉冲突情况下的行为特点。

1. 针对多角度特性的行人试验

交叉客流冲突具备多角度特性,不同的交叉客流冲突角度对于客流的通行效率具有明显影响。利用行人试验,分析行人行为参数,探究行人特性随交叉客流角度的变化规律,还可寻找交叉客流冲突最佳角度。

(1)组织阶段

在行人可控试验中,试验场地的布设应尽量保证除试验本身设计的干扰因素外无其他不可控干扰因素。交叉冲突客流试验区域应确保符合城市轨道交通车站通道实际尺寸,试验区域为 10m×10m 的正方形,区域的大小符合典型城市轨道交通内部交叉客流冲突的现状。设有面积为 2m×1.5m 的两个准备区域和两个离开区域供行人进入和驶离试验场地,在准备区域前设置红色的开始线。图 5-8 所示为北京工业大学高密度客流行为研究组调研交叉客流多角度特性的行人试验场地。

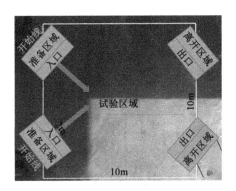

图 5-8　多角度交叉客流冲突试验场景

同时,在试验区域中心正上方设置摄像机,记录行人在场地中的运动情况。录像过程中使用的帧率为 30 帧/s,每一帧图像的分辨率为 1920×1080 像素,每连续两帧的时间间隔为 0.02s,能够完整地记录下行人的行为变化。

要保证试验环境中试验人员尽量符合实际城市轨道交通车站人流属性。一般情况下,可随机选取 50 名身体健康的试验人员,确保人员的数量充足,可以完成整个试验。考虑试验人员如果相互熟悉可能会影响试验结果(如试验进行时相互聊天嬉戏、频繁停驻等),因此,选取的50名试验人员应当彼此并不熟知。同时,试验人员年龄分布在18~25岁,其中男女各为25人,比例为1:1。其他行人影响因素如体重、衣服、背包均为随机。

试验前将试验人员分成两队,试验过程中分别戴黑色和红色帽子,便于图像检测与跟踪。并且,在试验过程中要求试验人员模拟地铁中行走,每人想象一个出行目的,如上班、上学、购物、游玩等,按照这个目的进行行走,保证试验模拟的真实有效性。同时,在每一次试验前,指挥员会详细告知试验人员本次试验的目标、行走目的地等信息,以便试验人员能够快速通过客流交织区域。图5-9所示为北京工业大学高密度客流行为研究组进行交叉客流多角度特性行人试验。

图 5-9　试验进行

(2) 试验方案

行人流的干扰和冲突的程度受行人流的流量和行人流的交叉角度两个因素的影响。通过前期对交叉客流冲突进行的视频调查,发现交叉客流具有多角度特性,锐角、直角、钝角均有出现。同时,参考相关研究中的客流角度,可设置30°、60°、90°、120°、150°五个水平客流夹角。不同角度的试验场景设计方案如图5-10所示。

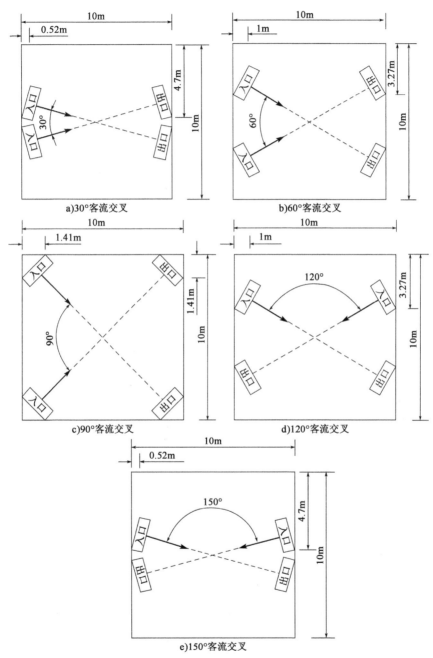

图 5-10 多角度交叉客流流线优化的方案设计

根据现有研究成果,服务水平共分为 A~F 六个等级,见表 1-2。当服务水平高于 B 时,行人之间发生轻微冲突,行人间的穿越及行走速度也受到限制。以北京市为例,为了研究行人流夹角对行人行为的影响,可选取流量 1000 人/(h·m)、3000 人/(h·m)、5000 人/(h·m),分别相当于 17 人/(min·m)、50 人/(min·m)、83 人/(min·m)进行试验。

(3)数据分析

在试验过程中,当试验人员进入场景中时,他们的运动行为将会被顶部的摄像机全程记录,可采用运动标定软件分析视频数据。标定的过程分为以下 5 个部分:

① 建模(Creating a Specification);

② 坐标换算(Calibrating the Camera);

③ 打点(获取象坐标,Capturing the Image Coordinates);

④ 数值计算(Calculating the Scaled 2-D Coordinates);

⑤ 数据输出(Presenting the Data)。

打点的方法有两种:一种是软件自动捕捉标定,另一种是手动标定。为了避免自动捕捉错误对数据结果造成的误差,一般可采用手动打点的方法,逐帧标定每个行人的运动数据。同时,以 0.02s 为时间单位对视频进行逐帧标定,确保数据能够反映行人完整的运动情况。软件能够根据视频的标定情况,自动输出后续分析所需的行为参数数据。

在数据分析过程中,可主要对行人客流的速度轨迹、行走方向、速度、通行效率等指标进行重点分析。

2. 针对环流现象的行人试验

当两股主-主客流发生交叉冲突时,会产生不稳定的环流现象。针对这一特殊现象,有研究学者提出可在客流交叉区域摆放圆形障碍物(即环岛),以稳定环流、抑制交叉区域客流"垂直"或"水平"运动、促成自组织斑纹形成。为研究环岛对行人环流现象及对行人冲突的影响程度,特针对此展开行人试验。

(1) 组织阶段

针对环流现象的行人试验可与多角度特性试验使用同一场地,如图 5-11 所示。同样利用摄像机记录行人在场地中的运动情况,录像过程中使用的帧率为 30 帧/s。

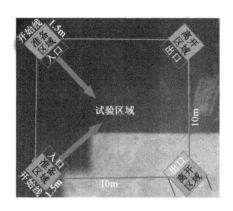

图 5-11　环岛交叉客流冲突试验场景

试验人员的选取、准备等均与多角度特性试验大致相同。试验前将试验人员分成两队,分别戴黑色和红色帽子;在每一次试验前,指挥员需详细告知试验者本次试验的目标、行走目的地等信息。试验中,利用白色的塑料板制作成不同大小的圆环来模拟环岛,如图 5-12b)所示。

a) 无环岛试验　　　　　　　b) 设置环岛试验

图 5-12　环岛交叉客流冲突试验准备

（2）试验方案

为了研究环岛的设置对交叉客流的环流现象的影响,可将试验主要分为3个部分:第一部分是研究环岛的设置对行人流的影响;第二部分是增加导向标志对行人流的影响;第三部分是分析环岛的设置对多股行人流的影响。下面将详细地介绍这3个试验。

①环岛的设置对行人流的影响。

试验的目的是调查不同环岛设置对交叉行人流的影响。具体要实现以下3个目标:

a. 环岛的存在是否影响交叉行人流以及如何影响。

b. 环岛的大小对交叉行人流的影响效果。

c. 在不同行人流量下环岛的性能如何。

根据美国交通运输协会《公共交通通行能力与服务质量手册》第2版可知,单向通道标准容量是5000人/(h·m)。以北京市为例,结合北京市城市轨道交通车站交叉客流冲突的实际调研,主-主冲突客流流量多分布在4000~6000人/(h·m),据此确定试验行人流量分别为4000人/(h·m)、5000人/(h·m)、6000人/(h·m)。同时,基于试验场地大小,可设计不同尺寸的环岛。结合试验场地的实际大小,设置环岛的半径分别为0.5m、1m、1.5m。试验设计如图5-13所示。

②增加导向标志对行人流的影响。

设置环岛后,行人可自主选择沿环岛顺时针或逆时针旋转通过。参照我国的机动车行驶的规定,只允许车辆单向绕行环岛。因此,若将行走导向标志放到环岛前,可直接影响客流的流向。根据我国的法律和习俗,汽车和行人应该靠右侧通行。因此,可在环岛前的行人流入口处放置逆时针方向旋转标志,分析在环岛前增加导向标志对行人流的影响,设计方案如图5-14所示。以行人流量5000人/(h·m)和环岛半径1m为例进行试验。

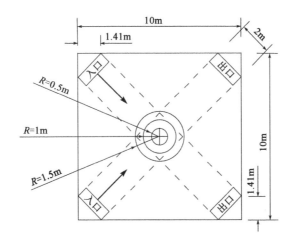

图 5-13　两股客流交叉的环岛试验设计

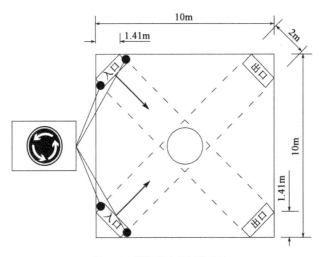

图 5-14　环岛标志的试验设计

行人试验中可增加一个没有导向标志的试验,与设置导向标志的试验形成对比。

③环岛的设置对多股行人流的影响。

三股行人流的交叉冲突是一个更为复杂的冲突现象,在地铁站、枢纽站、大型广场常常能观察到这种情形。因此,应设计行人试验,研究环岛对三股交叉客流的影响。

试验场景如图 5-15 所示。除了将出入口数量增至 3 个以外,所有的设计条件与前两组试验相同。以行人流量 5000 人/(h·m)和环岛半径 1m 为例进行研究。共设计 3 组对比试验,其具体方案如下:

a.三股行人流,不设置环岛。

b.三股行人流,设置环岛。

c.三股行人流,同时设置环岛和交通导向标志。

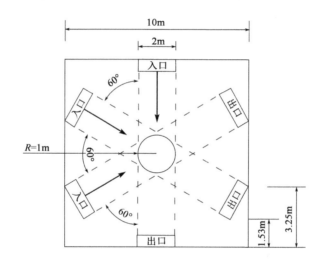

图 5-15　三股客流交叉环岛试验设计

(3)数据分析

在环岛设置后,行人将绕行环岛到达目的地,环岛的大小及是否设有导向标志直接影响着行人的行走距离、行走轨迹。同时,客流的速度、加速度、通行时间等行为特征参数也受到环岛设置的影响。因此,应当着重分析不同环岛设置下,行人流速度、加速度、行走距离、通行时间、行走轨迹的变化情况,分析环岛对行人流通行的影响程度。

3.针对间断特性的行人试验

基于现有研究和实际调查结果分析,客流和换乘客流的主-次交叉冲突具有间断特性。因此,应设计行人试验,研究不同的可接受间隙对冲突行人流的影响。

(1)组织阶段

试验场地的布设应尽量保证无其他不可控干扰因素。可选取一个长5m、宽5m的空旷区域作为试验区域,并在试验区域前设置红色的开始线,如图5-16a)所示。同时,在区域中心正上方约6m处设置摄像机记录行人在场地中的运动轨迹,摄像机的型号及参数与之前的行人试验中所使用的摄像机相同。图5-16b)所示为实际试验中摄像机的布设方案。

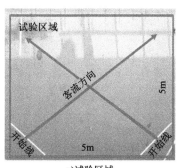
a)试验区域

b)试验设备

图5-16 间断特性行人试验实况

可随机选取100名身体健康、互相不熟悉的试验人员,保证样本数量充足,可以完成整个试验。试验人员的年龄分布、性别比例参照之前的行人试验方案。试验前将其分为两组,一组为换乘客流,即A客流,戴红色帽子;另一组为进站客流,即B客流,戴黑色帽子。试验过程如图5-17所示。指挥员会详细告知试验人员本次试验的目标、行走目的地等信息。

(2)试验方案

为明确不同的可接受间隙对行人流特性的影响,结合现有理论计算

图 5-17 试验场景

值,分别在换乘客流的 10s 间隙内对进站客流进行 4 组对比试验。具体试验方案如下:

① 持续放行;

② 放行 13 人;

③ 放行 16 人;

④ 放行 19 人。

其中试验②~④的放行人数分别为少于、等于、多于 20% 的理论推导人数。结合实际调查数据,换乘客流(A 客流)流量取 4000 人/(h·m),进站客流(B 客流)流量取 2000 人/(h·m)。具体试验方案见表 5-1。

可接受间隙管控试验方案设计　　　　表 5-1

| 步骤 | 试验① 无可接受间隙控制 | 试验② 完全可接受间隙控制 | 试验③ 完全可接受间隙控制 | 试验④ 部分可接受间隙控制 |
|---|---|---|---|---|
| 1 | 放行 A 客流(30 人) | | | |
| 2 | A 客流放行时,B 客流持续放行 | A 客流通过时,放行 B 客流 13 人 | A 客流通过时,放行 B 客流 16 人 | A 客流通过时,放行 B 客流 19 人 |
| 3 | A 客流通过后 10s,放行 B 客流(30 人) | | | |

(3) 数据分析

行人试验中设计了客流无可接受间隙控制、完全可接受间隙控制以及部分客流可接受间隙控制 3 个场景,为研究各场景中交叉冲突行人流的特性,试验应对客流的速度、加速度、通行效率等参数进行深入分析。

## 第三节　交叉冲突行人运动特性分析

通过分析实地调查和视频调查的结果,分别从走行距离、通行时间、速度、加速度和通行效率分析交叉冲突行人的运动特性。

## 一、走行距离

走行距离不是出行起讫点的直线距离,而是走行的全长。该参数除了行人的直线行走距离外,还包括行人在行走过程中的避让绕行、超越绕行等产生的横向位移长度,体现了行人出行的舒适度,单位为 m,计算方法如图 5-18 所示,计算公式如式(5-1)所示。

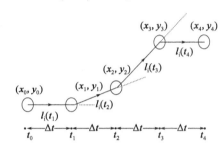

图 5-18　行人走行距离示意图

$$L_i = \sum_{i=1}^{T_i} l_i(t) \tag{5-1}$$

式中：$l_i(t)$——第 $i$ 个行人在 $t$ 时间内的走行距离,$t$ 非常短,m;

$T_i$——第 $i$ 个行人的通行时间,s。

图 5-19 所示为一次完整冲突过程的行人走行距离。交叉客流冲突发生时,客流的走行距离具有集团性,每组团体的走行距离相近。这是由于行人行走具有跟随特性,更愿意跟随前方行人的路径行走。但是客流的冲突打破了这种跟随的状态,行人自觉分组穿越间隙,由于每组行人选择的行走路径不同,导致他们的走行距离具有一定差异。同时,位于队列前的行人的走行距离短,这是由于在前期阶段,冲突还没有完全形成,因此行人选择了一条最方便、最快捷、最短的路径通行。

## 二、通行时间

从设施角度看,行人的通行时间即为行人从使用开始(进入)到使用结束(驶出)占用该设施的时间,反映了通过设施的快慢程度,单位为 s,计算公式如式(5-2)所示。

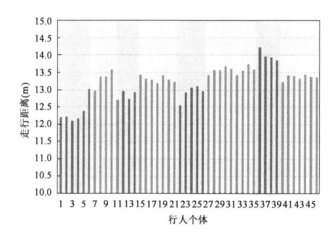

图 5-19 交叉客流冲突行人的走行距离

$$T_i = t_{iex} - t_{ien} \quad (5\text{-}2)$$

式中:$t_{iex}$——第 $i$ 个行人通过试验出口的时间,s;

$t_{ien}$——第 $i$ 个行人通过试验入口的时间,s。

图 5-20 所示为一个完整冲突过程的行人通行时间。行人通行时间与走行距离的变化规律相同,都具有集团性。每个集团中各个行人的通行时间大致相同。但是,受客流冲突影响,走行距离与通行时间集团的划分并不相同。这是因为尽管行走具有跟随性,前后跟随的两个人的走行距离一致,但是冲突会把这种跟随冲散,导致通行时间不同。

## 三、速度

行人速度是描述行人交通状态的基本参数,指行人在单位时间内行走的距离,单位为 m/s,计算公式见式(5-3)。在行进过程中,行人速度的方向一般分为两种:一种是行走惯性的方向,另一种是为避免冲突而选择的指向空闲区域的方向。当冲突已经不能避免时,行人会自觉地通过减速来防止碰撞。

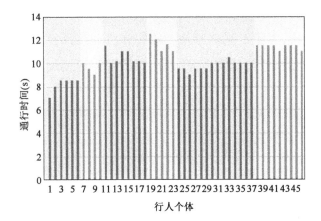

图 5-20　交叉客流冲突行人的通行时间

$$v_i(t) = \frac{L_i}{T_i} \tag{5-3}$$

式中：$L_i$——第 $i$ 个行人的走行距离，m；

$T_i$——第 $i$ 个行人的通行时间，s。

根据海曼定律，人类大脑的中枢神经系统处理 1 比特（bit）的信息需要消耗 0.13s。行人判断是否要改变期望行进速度或方向可以看作 1 比特的信息，因此，行人做出反应并移动的时间至少为 0.13s。

客流速度是多个行人个体速度的算术平均值，是用来描述行人交通流状态的基本参数，单位为 m/s，计算公式见式(5-4)。

$$v(t) = \frac{\sum_{i=1}^{I} v_i(t)}{n} \tag{5-4}$$

式中：$I$——客流的总人数，人。

图 5-21 所示为一个完整交叉冲突中客流速度随时间的变化。在开始阶段，冲突还没有发生，两股客流按照正常的速度行走，行走速度接近自由流速度。10~14s 时两股客流速度都缓慢下降，这是由于冲突即将发生，客流为了避免碰撞而自行减缓速度。而后，第一次冲突发生，客流 1 加速通

过客流2的间隙,客流2减速避让;紧接着第二次冲突发生,客流2加速通过客流1的间隙,客流1减速避让。两股客流如此反复地经历通过、避让、再通过、再避让的过程,最终冲突结束,两股客流速度逐渐增加达到期望速度离开。

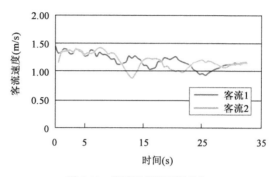

图 5-21　客流速度随时间变化

## 四、加速度

加速度是描述行人运动状态的基本参数,一般指单位时间内行人的速度变化,单位为 m/s²,计算公式见式(5-5)。行人在行走过程中受到出行目的、行走环境、周围行人等因素的影响,不会按照某一平稳的速度行进,而是自主调整自身速度,继而产生加速、减速行为,以达到期望速度以及避免碰撞、冲突等目的。

$$a_i(t) = \frac{v_i(t+1) - v_i(t)}{\Delta t_i} \tag{5-5}$$

式中:$\Delta t_i$——第 $i$ 个行人速度变化的时间差,s。

加速度描述了速度的变化程度,当行人速度明显变化时,加速度也会呈现一定规律。每一次交叉客流发生冲突时,其中一股客流速度呈急减而后急增的变化趋势,分析此时的行人加速度变化情况,如图 5-22 所示。在 11~13s 内,由于冲突的影响,行人加速度为负数且有几段非常明显的持续下降过程,加速度的最小值接近 $-0.6\mathrm{m/s^2}$;在 13~15s 内,行人加速度为正数且有明显的持续增加过程,加速度最大值达到了 $0.6\mathrm{m/s^2}$。

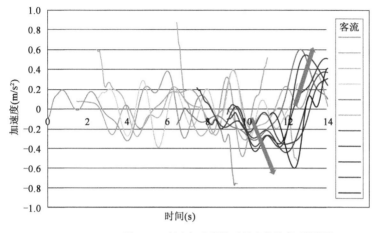

图 5-22 行人加速度随时间变化示意(附彩图)

## 第四节 交叉客流冲突特性分析

### 一、多角度特性

基于调查结果,客流冲突包括锐角、直角和钝角冲突。图 5-23 为基于交叉冲突调研结果的客流角度分布,其中以锐角客流冲突占比最大,直角客流冲突占比最小。经调查发现,发生锐角客流冲突的位置主要在城市轨道交通站厅内,两股或多股客流相互交叉穿越。

对不同角度的交叉客流流量进行统计分析,得到客流流量分布频率,如图 5-24 所示。客流流量主要分布在 1500~5000 人/(h·m),且以 3000~5000 人/(h·m) 所占比例较大,达到了近 70%。

### 二、环流特性

环流现象是指在客流交叉区域出现的临时性、不稳定、短暂的客流环形自组织行走现象。基于笔者所开展的视频调查的分析结果,当两股流量相当的客流交叉,即发生主-主交叉客流冲突时,出现环流现象的概率较大。就像在交叉区域有一个环岛一样,行人在通过冲突区域时会形成自组织弧形环流行进,如图5-25所示。而当主次客流相遇时,这种现象少有发生。

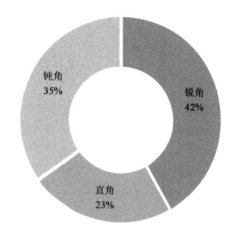

图5-23 交叉客流冲突调研的客流角度分布

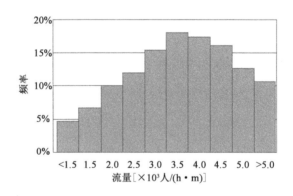

图5-24 交叉冲突调研的客流流量分布

通过对主-主冲突客流的调查数据分析发现,冲突流线的流量多分布在4000~6000人/(h·m),如图5-26所示。并且,环流的时间非常短暂,一般介于2~5s之间。这种环流状态的持续时间与客流量的大小相关,流量越大,环流的持续时间越长。

图 5-27 为同一个交叉冲突客流位置、相同流量下,客流发生自组织环流现象与未发生环流现象的客流速度变化情况。当未发生环流现象时,每一次冲突发生,一股客流加速通过,另一股客流减速避让;而当客流自组织形成环流时,两股客流速度均缓慢上升,没有速度的相互制约,从竞争状态转为合作状态。从客流整体来看,发生环流现象时,客流平均速度相对于没有发生环流现象时高出约10%。

图 5-25　交叉客流的环流特性

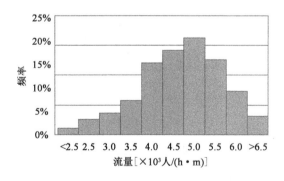

图 5-26　环流现象的客流流量分布

## 三、间断特性

图 5-28 所示为一对换乘客流与进站客流冲突中行人的到达时间。出现

进站客流持续到达,而换乘客流间断达到,这是由于受到列车到-发间隔的影响。

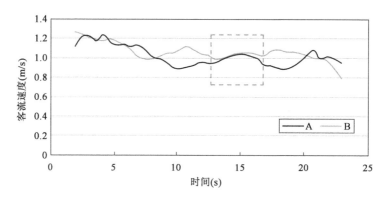

图 5-27  对比有无发生环流现象的客流速度

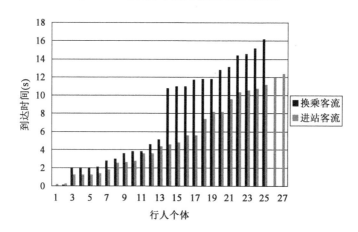

图 5-28  行人到达时间分析

换乘客流会呈现明显的周期性波动且客流量峰值较大,是冲突中的主要客流;进站客流虽然也会呈现波动特点,但客流量相对较小,是冲突中的次要客流。图 5-29 为一个连续的主-次客流冲突的流量分析。

同时,针对换乘客流(主要客流)的周期性波动特点,统计得到主-次客流冲突中相邻两次换乘客流的到达间隔时间,如图 5-30 所示。其中 9~

12s 到达时间间隔所占比例最大,达到 47%。

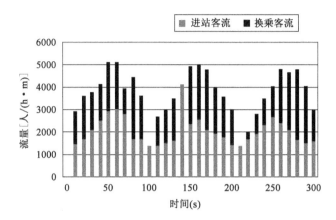

图 5-29　主-次冲突客流流量随时间变化情况

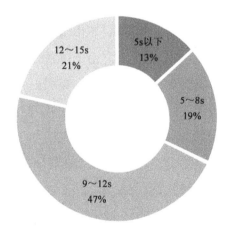

图 5-30　主要客流到达时间间隔分布

# 第六章
# 瓶颈处密集客流行为机理

随着城市轨道交通系统的不断发展,城市轨道交通运营线路由单线发展成多线并逐渐成网,运输水平大大提高。由于多条线路形成的城市轨道交通网络换乘相对方便,因此比单线运营对客流的吸引更大。这也使得原来使用其他交通方式的客流转而使用城市轨道交通,使城市内部出行的交通结构发生了很大的变化,因而相关的单线客流也大幅度增加。对于市中心区段的城市线路,多条线路的换乘客流比较集中,当高峰断面的客流超出该段线路的实际运能时,就会产生拥堵的瓶颈现象。

## 第一节 城市轨道交通瓶颈概述

### 一、瓶颈的定义

城市轨道交通瓶颈是城市轨道交通枢纽中的薄弱环节。当城市轨道交通行人流线中某个路段或设施处行人交通流量超过其通行能力时,会导致行经此处的行人行走速度降低,该路段或设施即是一处交通瓶颈。城市轨道交通车站瓶颈还可以表述为:因为交通事件或者通行能力限制导致道路服务水平下降的位置,或在既定设备设施配置以及特定运营条件下,严重制约了车站总通行能力的设备设施。

## 二、瓶颈的分类

城市轨道交通瓶颈可依据不同的标准进行如下分类:

1. 按照瓶颈发生的频率分类

(1)常发性瓶颈

常发性瓶颈为网络中运输能力无法满足客流需求已成为常态的经常发生拥堵的某车站或区段。

(2)偶发性瓶颈

偶发性瓶颈为偶然发生的小概率事件所诱使的城市轨道交通车站或线路拥堵区域。

2. 按照瓶颈发生的时间分布分类

(1)周期性瓶颈

周期性瓶颈是指由发生时间呈周期性特性(日、周等)且在相同位置由于客流需求超过运力而产生的交通拥堵现象,如每日早晚高峰期在某区段或车站。

(2)非周期性瓶颈

非周期性瓶颈是指由发生时间不规律的偶然事件引起的部分路网运输能力失效或出现突发大客流情况大大超出了既有运力而发生的交通拥堵现象,如体育赛事、演唱会等。

3. 按照瓶颈的可传播特性分类

(1)原发性瓶颈

原发性瓶颈是指在实际运输生产的过程中,在满负荷状态下因自身生产能力的欠缺,导致客流在某个区段或车站拥堵而形成的瓶颈。

（2）继发性瓶颈

继发性瓶颈是指由于下游相邻的某个区段或车站拥堵并传播到本区段或车站以及后续区段或车站而产生的拥堵现象。

由两类瓶颈的时间分布可知，原发性瓶颈的形成要早于继发性瓶颈的形成；而从空间上分析，继发性瓶颈的位置在原发性瓶颈的上游区域，且继发性瓶颈依托于其所形成的诱使原发性瓶颈。当对原发性瓶颈未能进行有效疏解时，将会引发更多的继发性瓶颈甚至引起整个线路的瘫痪以及部分网络的拥堵，故原发性瓶颈是瓶颈疏解措施的关键对象。

### 4. 按照瓶颈发生的缘由分类

（1）静态瓶颈

静态瓶颈为客流加载条件下线路各区段、各车站或车站各个设施设备间应用约束理论的能力值中最小的区域，通常由设施设备间能力的不协调因素诱发。

（2）动态瓶颈

动态瓶颈为客流加载后由客流、运输组织的变化等因素引起的客流拥堵的区段或车站设施。

综上所述，静态瓶颈与其静态能力相对，动态瓶颈与其动态能力相对。

### 5. 按照瓶颈识别的标准分类

（1）能力瓶颈

能力瓶颈是指为静态瓶颈时的能力扩展受限区域或者为动态瓶颈时客流负荷超过能力供给的区域，是单纯考虑需求供给量时的匹配关系。

（2）服务瓶颈

服务瓶颈不仅要考虑客流加载量与供给的匹配关系，更要覆盖到乘客的满意度，即服务特性。

因此，当识别静态瓶颈时只考虑能力瓶颈，而进行动态瓶颈识别则需要分别考虑能力瓶颈及服务瓶颈。显然,对能力瓶颈进行疏解的紧迫度要高于服务瓶颈。另据以上分析可知,服务瓶颈未必为能力瓶颈,而能力瓶颈则一定为服务瓶颈。

## 三、瓶颈的产生及演变过程

### 1. 瓶颈的产生

根据瓶颈的分类,其成因包括静态瓶颈和动态瓶颈成因两个方面。静态瓶颈由规划设计时对设备之间的衔接配套考虑不周所致;动态瓶颈则是由于对客流以及客流特性掌握不够,使得在网络化运营中部分线路或车站的客流量高度集中,从而超过了日常使用能力,形成客流拥堵的现象。总结起来,可将瓶颈的成因分为以下3个方面,且相互之间存在交叉。

(1) 宏观原因与微观原因

宏观原因主要有以下两点:

①城市整体功能布局不完善,城市建设与城市轨道交通发展未能有效协调。一般是由于城市功能的高度集中和土地的超强度利用引起的人口、就业岗位密集分布,从而引发居民出行的过度集中。另外就是城市轨道交通的发展与城市建设未能同步或者适度超前,导致交通供给(运输能力)无法满足交通需求。

②城市轨道交通结构、布局不尽合理。具体表现为功能匹配结构方面具有先天性的缺陷,匹配度差,线网规划未能与城市旅客出行主向充分协调。

微观原因主要有以下三点:

①客流分布的不均衡性。具体表现为某一时段或某一区段的客流量过高,如早高峰、最大客流断面等。

②运营组织的不合理性。主要体现在运营组织手段单一,未能与客流分布特性充分结合。

③城市轨道交通系统线路、站点设施间未能有效衔接匹配。例如,站点出入口布置不当引起的站点设施处拥堵或者换乘通道设置不合理引发的拥堵以及站内流线交织等。

(2)常发因素与偶发因素

常发因素是指那些反复出现从而引发瓶颈的诱因,其根源在于瓶颈位置处的需求量大于或者接近系统所能提供的运输能力。其中最为典型的就是早晚高峰,客流量比其他时段高出甚至数倍,并呈现周期性的特点,给系统的高效、安全组织带来负担。

偶发因素则具有不稳定性,也不可预测,例如:

①大型体育赛事、演唱会等活动的举办,引发某些车站或区间的突发大客流;

②某些设备的老化等故障的发生;

③客流组织不当,导致交通无秩序性等。

(3)人为原因与设施原因

人为原因主要包括工作人员与乘客两个方面。前者主要是指客运工作人员的经验、旅客组织水平、应急处置能力等;后者是指乘客出行习惯及特点、乘车的文明程度等。

设施原因是指运营设施设备所能提供的运输能力不能满足乘客的需求,如车站的自动售检票设备、安检设施等能力不足。

2.瓶颈的传播与消散

城市轨道交通的瓶颈传播是指在一定时期内,瓶颈从最开始产生时候的某个或几个车站区间逐渐扩散到相邻几个车站区间的过程。城市轨道交通的瓶颈传播是由于瓶颈的产生使上游客流占用的列车输送能力过大,导致列车使用剩余能力来满足下游车站能力需求,持续一段时间后,下游车站可能由于乘客滞留过多出现新生瓶颈。

根据瓶颈传播方式的不同,可将其划分为线内传播和线间传播。线内传播的媒介是列车,在途经该瓶颈的列车经过的所有车站区间都有可能成为被传播的瓶颈,主要由下游车站的客流需求和列车剩余能力共同决定。瓶颈的线间传播媒介是换乘乘客,当乘客流动经换乘站时,有可能将瓶颈传播至其他线路车站。

由于客流高峰不会长时间持续,一段时间后,网络瓶颈会随着客流量的减少而消失。对于双峰型和单峰型客流,因其具有潮汐性,通勤客流高峰过后瓶颈就会消散。对于突峰型客流,若为大型活动赛事散场,短时大量聚集的客流导致的瓶颈消散也较快;若为节假日大客流,瓶颈的持续时间长,消散较慢。

### 四、瓶颈的特性

根据瓶颈发生的原因,将其分为静态瓶颈和动态瓶颈,两类型瓶颈的特性有所不同。

1. 静态瓶颈特性

(1) 稳定性

建设时未考虑系统设备间能力的协调,从而引发静态瓶颈。作为路网各车站或各区间中通行能力最小的部位,只有通过运输方式的升级或设备的改造才能消除,且通常情况下瓶颈保持不变。故静态瓶颈在一定时间内具有稳定性。

(2) 可预测性

目前已有大量学者对各车站或区间的集散能力以及运输能力进行了系统的研究,通过一定的方法可对瓶颈的产生进行较为准确的测算,并可按照瓶颈理论(TOC 理论)精确定位静态瓶颈。

(3) 可控制性

由于静态瓶颈具有可预测性,运营管理者可提前通过设施引导、限流、乘客分流等措施来避免客流拥堵的发生,故静态瓶颈具有可控制性。

## 2. 动态瓶颈特性

**(1) 动态突发性**

动态瓶颈与静态瓶颈的最大区别在于是否考虑客流需求的时空分布。由于客流需求分布具有动态变化性,如早晚高峰、最大客流断面等,动态瓶颈是由需求与运能的不匹配形成的,并且与客流的变化情况密切相关,且仅当某断面流量超过了该设施可提供能力以及未达到所需服务要求时才会引发瓶颈。因此,动态瓶颈呈现一定的动态突发性。

**(2) 可预测性**

城市轨道交通客流的时空分布具有一定规律性,可以根据日常运营客流的统计以及客流预测方法,如利用短期客流预测方法,在一定时间范围内可对其进行有效预测。

**(3) 可消散性**

除可预测外,瓶颈同样可以消散,研究瓶颈识别的目的就是有效、精确地消散瓶颈。具体方法如下:

① 采取一定的运输组织措施,如加大行车密度、采用成熟的客流组织方法等。

② 设备改造,如系统升级,修建第三、第四轨或平行线等。

**(4) 可度量性**

根据不同的目标,采用不同的划分标准或参数阈值可对动态瓶颈进行分级度量。例如,根据最大断面客流与其所在区段或车站能力的对比关系,或者与不同服务水平决定的系统设施能力进行对比,确定瓶颈处拥堵的严重程度并划分等级,具体分级与人们的主观判断以及复杂的客观时空环境有关。

**(5) 扩散性**

由于城市轨道交通网络中的各个区段、车站间相互影响,一旦瓶颈发生,往往扩散至多车站多区段,即由原发性瓶颈诱发一系列的继发性瓶颈。因此,动态瓶颈具有传播性。

(6)瞬时性

当有大量乘客到达时,会对车站或区段某项服务设施造成较大的压力。然而,当客流散去,进入客流平峰或低谷时,瓶颈也将随之消失。即城市轨道交通的客流具有浪涌性,导致瓶颈的发生与消散具有瞬时性。

(7)时空性

瓶颈的形成、演变以及消散过程与时间、空间有直接的关联。任一原发性瓶颈处都潜存着传播路径,故可能引起多个瓶颈的发生,且每处瓶颈之间相互影响。此外,在不同的时空前提下,相同诱因、性质的瓶颈也会对城市轨道交通车站的客流组织产生不同的影响结果。因此,动态瓶颈还具有时空性。

## 五、瓶颈产生的位置

根据上述瓶颈产生的原因进行分析,城市轨道交通车站内容易产生瓶颈的位置包括以下3处:

### 1. 自动扶梯

自动扶梯是实现乘客在车站内不同层面之间移动的设施之一,既可单独设置,也可安置在楼梯旁边作为楼梯的辅助设施。其自身物理属性包括长度、宽度、高度、坡度、运行速度以及踏步的高度和深度等。乘客使用自动扶梯的体力消耗很少,所以在楼梯和自动扶梯并列布置的区域,乘客会更倾向于选择自动扶梯,加之一般自动扶梯宽度较窄,因此容易形成瓶颈。

通过调研发现,有两类乘客在楼扶梯组合处会选择楼梯:一类是该乘客时间紧迫,选择楼梯可以加快自身速度从而更快地通过;另一类是自动扶梯处比较拥挤,而楼扶梯的高差在该乘客的心理接受范围内。自动扶梯按照不同的运行方向可以分为上行扶梯和下行扶梯。图6-1a)、b)分别为平安里地铁站的上行扶梯和下行扶梯。

a)上行扶梯　　　　　　　　　　b)下行扶梯

图6-1　扶梯分类

## 2. 楼梯

楼梯是实现乘客在车站内不同层面之间移动的主要设施之一。楼梯的自身物理属性包括长度、宽度、高度、坡度以及踏步的高度和深度等,乘客在楼梯处的走行会受到台阶提升高度和楼梯倾角的影响,速度相较于水平通道会降低。此外,乘客进入车站后,受到检票闸机能力的限制,致使超出闸机通过能力的乘客出现滞留,通过了闸机的乘客很少会因进站楼梯的能力限制而产生拥堵。而对于出站楼梯,由于列车的到达会带来较大的瞬时客流,将导致与站台衔接的楼梯处客流密度出现激增,因此站台的楼梯口较容易出现乘客滞留现象。

楼梯按照客流方向可以分为上行楼梯、下行楼梯和双向楼梯。图6-2a)~c)分别为宣武门地铁站的上行楼梯、下行楼梯和双向楼梯。

a) 上行楼梯　　　　　　　　b) 下行楼梯　　　　　　　　c) 双向楼梯

图 6-2　楼梯分类

3. 检票闸机

检票闸机是车站运营方用来检查乘客是否拥有交通服务凭证的专用设施。乘客进站时,检票闸机自动检验车票的合法性;出站时,对乘客储值卡划扣车费或者回收单程票。检票闸机通常设置在城市轨道交通车站站厅的付费区和非付费区之间。与通道、楼梯以及自动扶梯相比,检票闸机的不同之处在于:同一时间只能服务一名乘客,当检票闸机处于服务状态时,其他乘客需要在检票闸机前排队等候服务。

检票闸机对车站客流的影响主要体现在检票闸机的通过能力和开放数量上。当进出站客流量超过了检票闸机的最大通过能力时,乘客将在进入检票闸机前产生排队,等候检票进站,造成乘客的拥堵和滞留。因此,车站进出站检票闸机的数量必须满足乘客的进出站需求,与进出站的客流量相匹配,这样才能保证乘客在检票闸机处的顺利通过,不会形成堵塞。

检票闸机按照功能特性可以划分为进站检票闸机、出站检闸票机和双向检票闸机,如图6-3a)~c)所示。

a) 进站检票闸机

b) 出站检票闸机

c) 双向检票闸机

图 6-3　检票闸机分类

## 第二节　瓶颈处客流行为调查

### 一、视频调查

根据容易产生瓶颈的位置，选取典型的宽度变化瓶颈作为研究对象，进行视频调研。视频调研的内容如下：

## 第六章　瓶颈处密集客流行为机理

1. 瓶颈处密集行人宏观行为特性

根据视频资料,调查客流在瓶颈前后行走路线的变化、瓶颈前后乘客受空间约束的影响等特性。

2. 瓶颈处密集行人微观行为特性

结合视频,调查客流在瓶颈前后个体运动速度、加速度、运动方向变化等特性。

调查实行以实地视频调研为主、监控视频为补充的视频资源获取原则。首先通过对各大换乘站进行预调研,确定客流大、瓶颈现象多的换乘站为视频采集对象。现场调研采用间歇式多次调查法,力求获取准确的数据。通过筛选符合要求的瓶颈区域,选取不影响乘客正常行走的点位布设摄像机,获取较为理想的视频数据,为瓶颈处密集行人行为特征分析提供依据。具体调查方法参照第三章第三节进行。

由于实地视频调研受枢纽内空间环境、设施位置及管理制度等多方面因素限制,调查人员现场采集的数据难以完全满足数据全面性和可靠性的要求。因此,还要依托轨道物联网视频补充换乘站瓶颈处行人的视频。

## 二、现场观测

现场观测应根据瓶颈发生的具体位置,制定不同的调查方案,以准确获取车站内不同瓶颈处客流的行为特征。

1. 通道内设施

(1)安检机实际通过能力调查

①勘察待调查车站安检机的放置位置,综合客流量、调查空间,选取客流量大且方便架设设备或安排调研员的安检机作为调查对象。

②在高峰时期安检机出现排队的情况下,记录一段时间(通常为1min)内连续通过安检机的乘客数和对应的耗时。

调查表格见表6-1。

**安检机通过能力调查表**　　　　　　　　　　　表 6-1

| 车站： | 时间： | 调查员姓名： | |
|---|---|---|---|
| 统计数据 | 耗时(s) | 行人数量(人) | 通过能力(人/s) |
| 1 | | | |
| 2 | | | |
| … | | | |

(2) 自动检票机实际通过能力调查

①从调研对象中选择目标车站,根据客流及检票机布局方案选择几组自动检票机作为调查对象。自动检票机的选择需兼顾各种布局方案及进出站检票机。

②记录一段时间内连续通过检票机的乘客数,记录乘客面对一组检票机的路径选择情况。

③记录检票机前的排队情况。当检票机前发生拥堵和排队时,记录排队持续时间、排队乘客数和队伍长度。对于队伍长度的观测,主要通过事先在检票机前设置醒目的黄色标线进行。

调查表格见表 6-2。

**自动检票机通过能力调查表**　　　　　　　　　　　表 6-2

| 车站： | 时间： | 调查员姓名： | |
|---|---|---|---|
| 统计数据 | 排队乘客数(人) | 排队持续时间(s) | 排队长度(m) |
| 1 | | | |
| 2 | | | |
| … | | | |

(3) 楼梯和自动扶梯口通过能力调查

作为城市轨道交通车站内主要的瓶颈设施,在高峰期间,楼梯和自动扶梯口常会发生拥堵和排队现象。主要对地位重要、客流负荷大的站台楼扶梯进行调查,记录这些设施拥堵和排队的长度、区域面积和持续时间。

①站台楼扶梯口通过能力调查。

测量待调查楼扶梯的宽度,沿楼扶梯横向边沿纵向每隔1m贴上标识,作为测算排队区域长度和宽度的依据。当拥堵和排队达到最大长度时,记录最后一名乘客从进入拥堵或排队区域到进入楼扶梯入口的时间,作为最大排队时间。调查表格见表6-3。

站台楼扶梯口通过能力调查    表6-3

| 车站: | | 时间: | | 调查员姓名: | | |
|---|---|---|---|---|---|---|
| 项目 | 排队区域长度(m) | 排队区域宽度(m) | 排队区域面积(m²) | 集散时间(s) | 开始时间 | 结束时间 |
| 1 | | | | | | |
| 2 | | | | | | |
| … | | | | | | |

②楼梯行走特性调查。

行走特性主要指乘客密度-速度相互关系,受楼梯的宽度、混行楼梯客流方向不均衡等因素的影响。这一速度-密度关系决定了楼梯的实际最大通过能力。由于受现场观测条件的限制,获取这些数据主要通过视频采集和内业分析。故需选择客流大、方便架设摄像机的楼梯,从固定位置正对楼梯持续拍摄一段时间(通常为1h)。通过计算机自动分析及人工统计校核得到楼梯上乘客速度-密度相互关系、最大通过能力、超高峰系数以及方向不均衡系数等参数。

(4)通道行人走行特征调查

与楼梯情况类似,通道行人走行规律也受其宽度、乘客密度、混行时方向不均衡性等因素的影响。获得通道行人运动规律也需要通过视频采集进行。具体根据客流量、设备安装可行性、是否为换乘通道、是否为双向通道等条件,选择待观测通道,架设摄像机,连续采集视频1h。然后通过自动分析及人工统计相结合的方案分析通道行人密度-速度相互关系等特征,并分析通道宽度、方向不均衡系数等因素的影响。

图 6-4 为地铁站内水平通道客流调查场景,黑色线条标识区域长度为 6.60m。在实地调查中,从行人单脚进入区域开始计时,到完全离开区域停止计时,精确到 0.01s。根据行走距离和时间即可得到平均速度,以该速度作为行人期望速度。

图 6-4　通道内客流调查

(5) 上下行楼梯调查

由于上、下楼梯的期望速度不同,应分别予以分析。与通道期望速度统计分析类似,楼梯期望速度统计如图 6-5 所示。其中,黄色线框为统计区域,长度定为 2.7m(结合实测现场台阶宽度和高度测算)。统计时间为从行人单脚进入观测区域到行人完全离开区域,计时精确到 0.01s。根据行程及耗时可计算平均速度,以此作为该行人的期望速度。

图 6-5　上下行楼梯客流调查

2.容纳类设施

(1)站台乘客流线分析

在进行客流仿真时需要站台乘客路径选择的数据来标定参数,因此需对站台乘客流线进行分析,具体通过现场观测和视频采集进行。在站台高处安装摄像机,统计下车乘客选择不同楼扶梯的情况,并与同一时刻楼扶梯的乘客流量进行校核。

(2)上车乘客在站台的乘客流线调查(针对岛式站台)

在正对楼扶梯出口的位置,采集行人到达站台后路径选择的视频,统计分析选择上、下行列车的乘客数量和比例,并与楼扶梯视频统计进行对比校核,为车站行人仿真的路径设置提供数据基础。

(3)不同设施乘客期望速度分布调查

行人期望速度是行人微观仿真的基础性参数,因此需要重点调查。具体通过对站内各种设施进行视频采集、分析,结合统计软件获得。通过实地调查发现,在高峰时期,多数行人会受到其他行人的影响,其速度并非自认为舒适的速度。因此,统计时要求行人满足以下3个条件:

①通道内作为统计目标的乘客与其他乘客的最小距离大于2m,具体通过墙上所贴标识确定。

②对于楼梯,在视频覆盖范围内,行人数量不大于2人,且相互之间无影响。

③乘客不受周围环境的影响,如问询、等待、徘徊等。

## 三、行人试验

1.试验目的

通过开展城市轨道交通车站瓶颈处的行人流试验,采用数字图像处理方法分析瓶颈处行人运动微观特征,可定量分析行人运动变化规律,确定不同类型瓶颈对行人的影响,从而为瓶颈管控优化建议奠定理论基础。

2. 试验设置

(1) 组织阶段

在宽阔、空间足够大的教学楼中间进行试验。在试验过程中,行人穿越瓶颈时不存在驻留现象。在试验区域周围贴上黄色胶带,用来标定坐标,并在区域中心正上方设置摄像机,记录行人在场地中的运动轨迹。录像过程中使用的帧率为 30 帧/s,每一帧图像的分辨率为 1920×1080 像素,连续两帧的时间间隔为 0.02s。

图 6-6~图 6-8 为北京工业大学高密度客流研究组针对客流瓶颈设计的行人试验场地、场景及场地的摄像机布设。行人试验场景设计选取了一个长 12m、宽 5m 的区域作为试验区域。整个区域分为试验区域和准备区域,试验区域分为正常通道(5m×6m)和瓶颈通道(4m×1m)两部分,准备区域的大小为 2m×2m。同时,为了保证试验数据的准确有效性,研究人员制作了高 2m 的隔断模拟通道两侧的墙壁,确保模拟瓶颈的有效宽度和行人心理感知层面的真实通道情景。

图 6-6　试验场地

在正式试验中,共有 50 名健康的试验人员,男女比例、年龄等属性均与之前的行人试验相同。为了确保仿真效果,最大限度地减少试验人员间的相互交流,其他行人影响因素如体重、衣服、背包等均为随机。在试验开始前,所有试验人员都要戴上彩色的帽子,便于图像检测与跟踪。

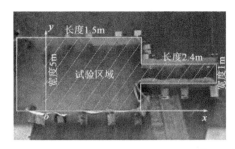 

图 6-7 试验场景

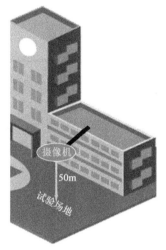

图 6-8 试验场地的摄像机布设

（2）试验方案

为尽可能减少可控试验的误差，每组试验开始前，要求每个试验人员以其正常步速按照试验程序完成 3 次通行，进一步熟悉试验流程和试验环境。

根据美国交通运输协会《公共交通通行能力与服务质量手册》以及对城市轨道交通车站的实际调研，确定在 4000 人/(h·m)、5000 人/(h·m) 及 6000 人/(h·m) 的流量条件下进行试验。不同流量条件下，每组试验开展 3 次，采集试验数据并观测效果。

（3）结果分析阶段

①试验有效性验证。

为验证试验的真实性和有效性,应进行有效性验证,具体包括主观验证和客观验证。具体方法参照第三章第四节。

②数据分析。

在验证试验结果具有应用价值后,应对调查数据进行分析。

运用行人运动标定软件,通过自动标定和人为修正相结合的方式标定行人个体的运动数据,避免纯自动标定对数据结果产生误差。试验数据获取以 0.1s 为时间单位,确保数据能够准确反映行人的运动情况,试验数据获取的过程如图 6-9 所示。同时,数据标定结果以要求格式输出。

a)行人试验

b)数据采集

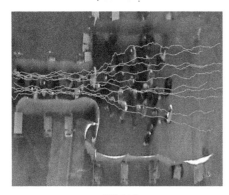
c)轨迹标定

d)运动轨迹

图 6-9 行人试验数据获取

视频数据提取的基本方法是通过建立 TXY 数据库,将视频中行人的移动转化为时间轴上行人坐标的连续变化,根据数据需求提取数据库中的指标。数据库的建立基于行人在坐标系内移动时的坐标改变,通过数据库中的字段能够准确计算出行人通过研究区域所花费的时间、运动速度及行人流量、密度等基础信息,进而量化行人的宏观和微观特性。

## 第三节　瓶颈处客流行为仿真建模

### 一、模型选取

瓶颈客流的行为建模属于微观模型层面,社会力模型与元胞自动机模型相比,在描述行人交通的行为机理、交互作用、时空要素、模型精度 4 个方面更适用于瓶颈处客流行为仿真。选择社会力模型模拟瓶颈客流的主要原因如下:

1. 在模拟行人交通行为方面更加真实

行人交通行为是在环境、心理、行为三要素联动模式的影响下产生的,这与社会力模型中考虑行人自身、吸引目标及周围环境三方面因素的模型构建原理高度一致。因此,行人行走空间连续的社会力模型在模拟行人交通方面更为真实。

2. 在模拟行人间的交互作用方面更加合理

行人在参与交通过程中,并非在设定的统一规则下按部就班地行进,通常会与周边个体发生躲避、让行、等待、竞争等交互行为。社会力模型基于复杂的力学数学模型,能够较为真实地反映行人在交互过程中与周边行人间的相互作用。

3. 在模拟时空要素表示方法方面更加恰当

行人在运动过程中无时无刻不受到周围人群、周边环境的影响,随时可能调整运动方向和行进速度。社会力模型中行人的坐标、时间都是连续的,模型在每一时刻都会计算下一步行人的运动速度和行进方向,可更为恰当地表示行人运动时空要素。

## 二、参数标定

### 1. 仿真场景搭建

（1）环境参数

参考实际枢纽瓶颈形式搭建的典型枢纽瓶颈（宽度突变）基础场景,如图6-10所示。在该仿真场景中,宽通道长度固定为10m,宽度为5m、4m、3m；瓶颈通道长度为10m、5m、1m,宽度为2m、1.5m、1m,共27个不同场景。行人从A口进,B口出,行走方向如图中箭头所示。

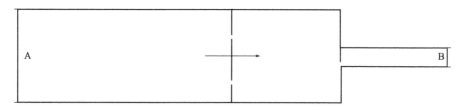

图6-10　仿真试验基础场景图

（2）行人流量设定

美国交通运输协会《公共交通通行能力与服务质量手册》将公交设施步行通道的服务水平分为6个水平,见表1-2。考虑轨道枢纽中高峰时期通道中服务水平多为D级,故选择处于D级服务水平中的60人/(m·min)为仿真场景中的基准行人流量。

同时,综合考虑轨道枢纽换乘客流的间歇性到达和试验基本场景的行人容纳程度,设定仿真实验中行人的数量为200人。

### 2. 行人参数标定

对应社会力模型基本原理,模型中需要标定的行人参数有行人舒适速度、行人初始速度和行人直径。

(1)行人舒适速度

一般认为舒适速度是行人的期望速度。期望速度是指行人在步行交通环境中,没有其他行人和障碍物干扰时,根据物理步行设施环境、自身身体素质和出行目的等条件,期望达到的步行速度。期望速度近似于自由流速度,是个人的最大舒适度和最小能量消耗之间的一个平衡值。

目前,行人领域比较认可的是 Henderson 的研究成果:正常状况下,行人的期望速度符合高斯分布,均值为 1.34m/s,标准差为 0.26m/s。

由于轨道枢纽中的行人有明确的行走目的,并且窄长的通道空间下行人具有走出拥挤空间的心理趋势和从众心理,行人行为与其他环境中的行人有所不同。为准确定位行人舒适速度,对枢纽站通道中的行人进行了运动数据标定,获得行人的自由流速度均值为 1.61m/s,方差为 0.27。与 Henderson 的研究结果相比,城市轨道交通枢纽内行人的期望速度均值较高,方差较接近。

(2)行人初始速度

行人初始速度是指行人在仿真实验中的最初速度,可认为是行人在轨道枢纽通道中的行走速度。总结以往学者的研究发现,不同学者研究的通道行人的速度差异较大。基于结果分析,发现行人初始速度分布服从泊松分布 N(1.57,0.32)。

(3)行人直径

行人直径是指行人所占空间的直径,即静态空间的直径。静态空间是指行人的身体在静止状态下所占的空间范围。按照不同静态空间对行人的约束以及行人对静态空间的需求,将静态空间分为接触区域、不接触区域、个人舒适区域和可行动区域4个等级,见表6-4。考虑到瓶颈区域中行人流密度较高,人与人贴得较近,结合对实际瓶颈客流的间距调查,最终设置行人直径为在 0.35~0.45m 范围内的随机分布。

行人所占静态空间分级表　　　　表6-4

| 类别 | 接触区域 | 不接触区域 | 个人舒适区域 | 可行动区域 |
|---|---|---|---|---|
| 当量直径（m） | 0.235 | 0.457 | 0.533 | 0.609 |

综上所述，行人参数设置到达速率为300min，舒适速度为正态分布$N(1.61,0.27)$，初始速度为正态分布$N(1.57,0.32)$，行人直径为均匀分布$U(0.35,0.45)$，见表6-5。

行人模型参数　　　　表6-5

| 控件类型 | 对应环境元素 | 参数名称 | 赋值参数 |
|---|---|---|---|
| Pedsource | 所有行人 | 到达速率 | 300min |
| | | 最大到达数 | 200 |
| | | 舒适速度 | $N(1.61,0.27)$ |
| | | 初始速度 | $N(1.57,0.32)$ |
| | | 行人直径 | $U(0.35,0.45)$ |

## 三、模拟试验

通过瓶颈客流仿真实验，获取行人运动数据，以分析个体寻路现象、空间夹角现象和行人成拱现象中行人的行为机理。

1. 个体寻路现象

仿真过程中，由于瓶颈正前方排队过长，行人行走效率低，前进缓慢，导致后方部分行人选择从两侧绕向瓶颈入口，将此现象称为个体寻路，如图6-11所示。瓶颈客流个体寻路现象存在以下特性：

(1)寻路过程中，根据行人选择路径的不同，客流会分成三股，两侧客流的速度较正面客流速度高，约为20%。

(2)由于行人的偏右特性，行人更偏爱绕右侧路径进入瓶颈口，右侧客流约比左侧客流多20%。

(3)三股客流压力同时加在瓶颈口，导致瓶颈口出现竞争行为，正面客流与两侧客流相互挤压,在瓶颈口形成拱形拥堵,或者称为弧形堵塞。

(4)个体寻路中,行人理想期望速度越高,发生拱形拥堵的可能性越大,瓶颈处通行利用率越低,其实际速度越低,形成"快即是慢"效应。

个体寻路现象导致客流不均衡,同时会加重瓶颈堵塞,不利于行人的通行疏导,因此研究如何降低个体寻路现象的发生频率,使客流安全高效的通过瓶颈区域具有重要意义。

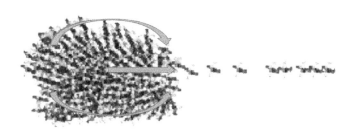

图 6-11　瓶颈处行人路径选择示意图

**2. 空间夹角现象**

仿真结果显示,行人在瓶颈前所占区域的横断面宽度随离瓶颈的纵向距离变化呈漏斗形,瓶颈入口两侧会出现一定的空隙,将此现象称为空间夹角,如图 6-12 所示。瓶颈客流空间夹角现象存在以下特性:

(1)由于行人的偏右行走特性,右侧出现间隙的概率较小,约为 11%,左侧出现间隙的概率较大,约为 93%。

(2)不同仿真实验场景下,空间夹角大小有变化。

(3)空间夹角现象中,观察到瓶颈入口附近密度极度不均衡。

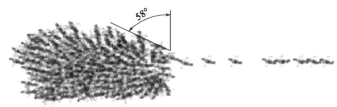

图 6-12　行人空间夹角示意图

## 3. 行人成拱现象

### (1) 行人成拱及消散过程

因为到达与离开速率不等，瓶颈形成过程中的到达人数多于离开人数，于是围绕瓶颈入口形成圆拱，称为成拱现象。拱内行人之间作用力相互传递，巨大压力集中在瓶颈入口，不利于行人的通行，故研究行人成拱现象的内在规律十分必要。

图 6-13 为模拟仿真所得行人成拱及消散过程。由图可知，随着行人逐渐增多，行人密度逐渐增大，瓶颈入口开始出现排队状态，瓶颈入口开始成拱现象；由于轨道枢纽的客流周期性，拱达到一定排队长度后，开始了消散过程。

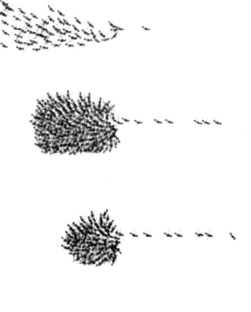

图 6-13　行人成拱及消散过程

(2)成拱阶段检测

为进一步解析行人成拱的演化过程,如图6-14所示,在仿真场景中的位置1、2、3、4处设置了速度检测线,每条检测线宽1m。

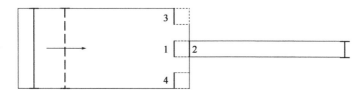

图6-14 速度检测线设置图

分析仿真结果可知:

①未发生成拱现象时,检测线1、2处行人速度较高;但随着成拱现象的发生,检测线1、2处的行人速度显著下降,随后趋于平缓。

②检测线3、4处,最开始没有行人经过,速度为0;随着成拱现象的发生,检测线3、4处突然出现较高的行人速度;随着成拱的稳定,检测线3、4处的行人速度开始趋于平稳。

③检测线1处的速度稍微低于检测线2处,说明行人步入瓶颈通道后速度高于瓶颈入口处的行人速度。

④检测线3处的速度高于检测线4,这与我国行人的靠右行走特性有关,行人更偏好靠右行走,导致检测线4处行人拥堵比检测线3处严重,速度较慢。

## 第四节 瓶颈处密集行人行为特性

### 一、瓶颈处密集客流宏观行为

所有行人交通系统都存在瓶颈,瓶颈条件下的行人交通的宏观行为和基本图直接关系到这些交通设施设计的合理性。通过实地调研和视频观测发现,除与城市轨道交通内其他设施区域行人具有相似特性外,瓶颈处的行人还具有以下特殊性:

(1) 密集人群在通道瓶颈处会出现"成拱现象"。密集人群在通过瓶颈时,因为到达速率与离开速率不等,到达的人数多于离开的人数,通常围绕瓶颈形成圆拱,并产生振荡。瓶颈处的振荡现象是指通道的"瓶颈"处,人流方向产生的有规律的变化。如果是相向运动的人流,那么在狭窄的瓶颈处会出现人流的相互干扰和混乱;如果瓶颈部位较长,这种干扰的影响会更大。圆拱的形成和边缘振荡对于密集人群具有很大的危险性。

(2) 会出现瓶颈口竞争求生行为。当所有人一起冲撞时,正面人群与侧面人群相互挤压,短时间内出现受力平衡,在出口处形成拱形拥堵,或者称为弧形堵塞。由于人群具有自组织能力,拱形拥堵一般持续时间较短,"拱桥"受力平衡很快被打破,当"拱桥崩溃"时,离开出口处形成雪崩状撤离人群。因此,人群的理想期望速度越高,其发生拱形拥堵的可能性越大,出口通行利用率越低,其实际速度越低,也就是通常所说的"快者慢出效应"。因此,瓶颈口竞争求生行为与人群基本素质及逃生技能的培训水平密不可分。

(3) 由于行人行走具有一定的频率,并且行人有固定肩宽,因此,瓶颈的通行能力在不同宽度下可能有所不同。当瓶颈宽度从 0.7m 降到 0.4m 时,行人的通行能力有所提高;当瓶颈宽度在 0.6～1.8m 时,行人的通行能力与瓶颈宽度无关。

(4) 行人在瓶颈内存在自组织现象,行人自动形成两列并呈现交错行走,形成两个"车道",并且在饱和交通流的情况下,瓶颈内的"车道"数量是不断动态变化的。因此,行人的肩宽并不会导致瓶颈的通行能力阶跃式增加。

(5) 行人交通瓶颈内的密度低于进入瓶颈区域的密度,说明瓶颈的通行能力很大程度上取决于瓶颈前的通过能力。

## 二、瓶颈处密集客流微观行为

### 1. 行人个体速度

行人在行走过程中,遇到宽度突变的瓶颈,容易出现行人流速度骤降甚至停滞的情况,造成拥堵。在空间断面收缩处,由于通行能力受限,导致人流速度降低。同时,除了正面人流以外,两侧同样有人流涌入。在理想状态下,当行人的理想速度较实际速度差别越小(理想期望速度不超过1.5m/s)时,人群会出现滞留现象,但不会发生过度挤压。

行人越靠近瓶颈入口速度越低,进入瓶颈通道后速度会稍微有所上升。行人在瓶颈入口速度会大幅度降低,但是在进入窄通道稳定后,速度有所回升。行人在远离瓶颈入口的速度较高,靠近瓶颈处速度较低,从而导致整个瓶颈前的整体速度均值偏低,反而瓶颈通道处的速度均值会偏高,这与瓶颈通道出口行人迫切地想离开瓶颈的心理有关。上述分析表明,整个瓶颈区域的通行效率主要取决于瓶颈前的行人的速度。

2.行走轨迹

行人的行走轨迹是行人微观行为的分析结果,同时也是微观参数的综合体现,表征了行走的动态变化过程。行人通过瓶颈时会出现明显的分层现象。经计算,平均层间距为150mm,即不管对其他行人还是障碍物(如栏杆、墙壁),行人左右平均安全距离均为150mm。在行走前期,行人的可选择空间大,行走较为随意,所以运动轨迹并无规则;通过瓶颈时,行走空间受限形成明显分层现象,其原因是行人行走过程中有同向跟随、反向避让等特性。在礼让规则中,行人轨迹变化不大,分层现象不明显,其分层是由最开始通过瓶颈部分行人的分布决定的;在竞争规则中,分层现象较为明显,其分层是由行人的避让心理决定的,即行人通过瓶颈时,为避免与对向行人发生碰撞会自发靠右行走。此外,分层现象与瓶颈宽度有关;当瓶颈宽度较窄时,行人行走空间受限,分层数量较少且伴随振荡现象。当瓶颈宽度只允许单人通过时,优先抢占瓶颈的行人所处方向人群可持续通过瓶颈,一旦对向行人占据瓶颈空间,通行方向则会发生转变。

行人轨迹从形态上反映了行人的集体行为,除了分层现象以外,随着堵塞的形成,个体的移动轨迹的振幅越来越大,尤其是在瓶颈入口处和窄通道内。整体来看,行人个体的移动轨迹都是在瓶颈入口前后呈现之字形,这说明与瓶颈外相比,瓶颈中行人的行走距离和偏移量等参数均有所不同。随着拥挤的发生,走行速度会下降,行人的左右摇摆越来越剧烈,导致行人的"需要宽度"会增加,表明行人受到的横向干扰增大。

# 第七章
# 高密度客流管控策略

城市轨道交通车站作为各种客流汇集的场所,客流组成较为复杂。实现行人流的有效管控,对于提高车站的运行效率、保障出行安全有着十分重要的作用。因此,有必要对城市轨道交通车站高密度客流采取科学、有效并具有针对性的管控策略,聚焦解决城市轨道交通客流冲突问题,以此全面满足客流安全、顺畅、有序的通行要求,加强车站客运服务综合水平,保障城市轨道交通车站运营管理。

## 第一节 管控策略总体原则

城市轨道交通车站的管控工作应根据各城市轨道交通运营的具体情况,在预测远期站内客流流量、流向的基础上,按照"以人为本"的原则,因地制宜地选择能充分满足乘客需求而又经济合理的方式。因此,在进行城市轨道交通车站高密度客流管控时,应遵循科学的指导理念,部署相应的管控策略。

### 一、遵循车站目标定位的理念

在制定管控策略时,应依据城市轨道交通车站的目标定位,即为不同要求、不同方向的客流提供安全、快速、方便、准时、经济的客运服务,按高效率、高效益、低费用、低公害的理念,以最低成本满足不断增长的交通需求。此外,要充分体现公共交通系统优先的原则,实现公共交通观念优先、设施优先、效率优先、管理优先和安全优先。

## 二、遵循可持续发展的理念

可持续发展交通要求从观念上、技术上、政策上协调居民出行需求、交通设施供应、城市环境质量与城市经济发展之间的相互关系,最终形成一种满足城市居民人性化、便捷化出行需求的交通体系,从而提高服务水平,吸引乘客。城市轨道交通车站作为城市交通体系中的一个子系统,对其客流的管控措施必须符合城市交通可持续发展的总目标,符合可持续发展的理念。

## 三、遵循以人为本的理念

措施实施应按照以人为本的理念:当代人和后代人享有同等的发展权利;健全人和残疾人享有同等的使用交通设施的权利;高收入者和低收入者享有同等的出行方便的权利。实行管控策略时,应保障好老弱病残幼等群体的出行快捷、安全需求;同时要以满足行人的出行速率与舒适度为目标,提升车站内行人的有序流动,减少冲突,避免因管控不协调而造成出行不便。

## 四、遵循可达性的理念

当代城市轨道交通车站客运功能复杂且规模宏大,多种交通方式的综合导致内部功能流线复杂,呈现立体化的空间组织特点,流线的复杂化和立体化无疑增加了旅客在枢纽内部停留的时间,降低了内部空间的可达性。因此,应当遵循城市轨道交通车站高可达性的理念,建立一套完整的交通策略计划,形成内部合理换乘布局,保证居民出行的连续性,主要表现在换乘时间最短、换乘次数最少以及换乘距离最短,从而提高交通换乘效率,不断缩短乘客在车站内部耗费的时间。同时,因地制宜地根据城市轨道交通车站所承担的城市功能,对车站内部空间的可达性也提出不同的要求。

## 五、遵循可行性的理念

城市轨道交通车站内的交通组织方案应符合相关标准规范,研究城市轨道交通车站内客流发展动向和趋势预测,因地制宜,适度超前,分阶段实施,并要具备未来优化的可扩展性,切忌盲目建设,造成浪费、增加运营成本。

在高密度条件下,城市轨道交通车站内客流呈现不同的表现形式,其中客流冲突给车站内的交通组织及乘客的出行安全带来的负面影响最为严重。因此,应重点针对不同客流冲突类别制定相应的管控策略,坚持遵循车站目标定位、可持续发展、以人为本、可达性、可行性的理念,以此实现城市轨道交通车站的有效管控,全面提升车站的服务水平。

## 第二节 客流管控一般性策略

城市轨道交通车站承载着不同流向、不同走行特征的客流,随着城市轨道交通网络化的必然趋势,我国大部分城市线网日均客运量逐步增长并屡创新高,大客流已成为常态。为切实做好客流管控疏导工作,防止拥挤、踩踏,确保城市轨道交通系统平稳高效运行,针对车站的客流管控是各城市轨道交通客运组织工作中的重要环节,也是考验城市轨道交通运营体系管理质量和服务质量的集中体现。

## 一、引导标识管控

1. 基本要求

城市轨道交通车站内部引导标识应当充分考虑顶层设计,做到全面整体、科学引导、合理分流,保证乘客能够便捷快速地出入车站,同时要满足乘客智能化、人性化的引导服务。具体来讲,乘客引导标识管控过程中必须遵循以下要求：

（1）引导标识要醒目清晰。首先，引导标识安装过程中，布设位置的选取必须要确保能够被乘客显而易见地发现；其次，引导标志的物理尺寸要合理适当，过小会导致乘客难以在一定视距条件下看清楚或影响车站整体的视觉效果；最后，引导标识的设置也需要选择合适的高度布设，必须避免引导标识被其他非引导标识的物体遮挡视线。

（2）引导标识要易于分辨。引导标识中的图形、文字、数字要保证能够被乘客清晰分辨并识别；同时引导标识应选取对比度较大的颜色，从而易于旅客识别；版面的排版考虑人的视觉特点及国民的阅读习惯，导向信息应以横向排版为主。

（3）引导标识要合理布设。应根据建筑结构特点、客流分布状况，垂直设置引导标识，确保提供给旅客最重要的信息；同时要注意引导信息的有效化、合理化、简约化和连续化，使引导标识信息快速传递，并使前后引导环节连续一致，避免导向信息出现断链。

（4）引导标识要整体统一。标识的材质、版面样式、物理尺寸、版面颜色等方面要整体统一，形成一个较为连贯的体系，特别是相同流线方向上的引导标识必须统一，从而确保旅客能够通过引导标识传递的信息连续移动。

2. 引导标识信息内容

（1）基本原则

引导标识信息内容应符合以下原则：

①易理解性。由于标识服务对象为乘客，要确保引导标识信息可令不同文化程度及年龄等的乘客快速理解。

②层次性。引导标识信息应主次分明，针对不同距离、不同方向的信息，分层引导，实现不同流线的层次性，有助于乘客获取有利信息。

③全面性。在信息不过载的条件下，应保证引导标识信息全面，避免出现信息缺少的情况，帮助乘客顺利找到目的地。

(2)引导标识信息内容设置

城市轨道交通车站内换乘空间是指乘客从一条线路到另一条线路以达到出行目的的空间场所。要确保乘客换乘的高效安全,就必须确保车站内设置的引导标识信息能够全面满足乘客的需求,从而实现对客流的引导。引导标识设置点位应具备明确清晰的信息,从一个位置到另一个位置的过程中,确保标识引导乘客到达目的地的连续性。结合乘客流线,引导标识设置点位的信息内容必须明确。表7-1为换乘流线标识的信息内容。

**换乘流线标识信息内容** 表7-1

| 节点位置 | 乘客需求信息 | 需设置的引导标识 |
| --- | --- | --- |
| 付费区域 | 指引去换乘目的地的信息以及换乘其他线路的信息 | 换乘导向标识设置在扶梯口附近;城市轨道交通线网图应该在节点处张贴 |
| 换乘通道 | 指引去换乘目的地的信息 | 在乘客需要通过的换乘通道或者是通道岔路口处设置导向标识;将换乘表张贴在线路的楼梯入口附近 |

3.引导标识版面样式

(1)基本原则

引导标识版面样式应符合以下要求:

①人性化。车站内引导标识设置的最终目的是引导乘客准确、高效、安全地到达目的地,同时提高车站服务水平和服务质量。因此,引导标识应当始终从出行者的角度出发,注重提供舒适、轻松的出行环境。

②规范化。为避免引导信息传递错误而造成乘客理解错误,引导标识内的文字、图形、数字等元素要采取统一的国内或国际通用规范标准。

③清晰化。应充分考虑其视觉特性,美观且具有城市发展特色,从而有助于乘客辨识。

(2)引导标识版面样式设置

①文字。

字体上，要站在乘客的角度上，充分考虑其对字体的辨识水平，可参考相关标准当中对字体的相关规定。实际车站中，建议采用汉仪字体中黑色简体的汉字字体形式，同时需要根据视觉要求合理调整字体比例。数字和英文标识内容一般可采用国际通用的字体，且英文字母的首字母要大写。

字号上，要根据不同群体的视力水平、视距和环境所造成的影响，确定文字大小，使其与环境保持一致性，以提高文字的辨识程度。

②排布方式。

由于车站内客流类型复杂，不同乘客的阅读习惯不同。一般情况下，标识信息中文字应当从左向右排列。对于中文字体，一般行间距是汉字高度的1~1.5倍；而对于英文字母，通常行间距要不小于其高度的40%。

③色彩。

一般情况下，引导标识当中的文字色彩需要根据标识的整体版面色彩确定，要保证文字与版面色彩形成一定的鲜明对比，对比越明显，文字的可辨识程度就越高。

**4. 引导标识空间位置**

(1)基本原则

引导标识空间位置应当满足以下原则：

①流线化。

客流流动通常利用流线来形象表示，引导标识通常设置在流线出入口、流线拐角处、流线交叉处及在楼梯口或功能出现转换的流线处等区域，以便乘客快速准确辨识信息，确定前进方向，从而为乘客提供最优步行路线，防止乘客误判信息，并减少站内流线交叉造成的客流冲突现象。

②连续化。

由于城市轨道交通车站内人流众多且行进方向复杂，难免会产生焦虑心理，应当合理设置引导标识间的距离，确保前后标识间的视距要求，实现对乘客的连续引导，提高站内通行效率。

③合理化。

除了要保证引导标识的设置高度、角度符合乘客的最佳视觉效果之外,还应当避免引导标识之间的相互干扰和遮挡,以确保引导标识的合理性要求。

(2)引导标识空间位置设置

①高度。

引导标识的设置高度与人的观察距离以及视觉特征密切相关。通常情况下,标识的设置高度可分为近距离标识和远距离标识两种。

近距离标识是指视距距离小于 5m 的引导标识。通常情况下,近距离引导标识位置高度应当在正常乘客与轮椅使用者的最佳视野的交叉范围内布设,同时交叉范围内的中心点位置还应分别和正常乘客与轮椅使用者的视野中间位置等高。

对于正常乘客,近距离条件下的引导标识设置高度计算方法如下:

$$\frac{n-q_1}{L} = \tan\theta_1 \leqslant \tan30° \tag{7-1}$$

式中:$q_1$——引导标识下边界高度下限,m;

$n$——常乘客眼高,m;

$\theta_1$——正常乘客俯角,(°);

$L$——视距,m。

对于轮椅使用者,近距离条件下的引导标识设置高度计算方法如下:

$$\frac{q_2-(n-0.4)}{L} = \tan\theta_2 \leqslant \tan30° \tag{7-2}$$

式中:$q_2$——引导标识下边界高度上限,m;

$\theta_2$——轮椅使用者乘客俯角,m。

远距离标识是指视距为 5~30m 的引导标识。远距离引导标识的下边界高度上限通常按照式(7-3)计算。

$$\frac{H_1 + h - n}{L} = \tan\theta \leqslant \tan 10° \tag{7-3}$$

式中：$H_1$——引导标识下边界高度上限，m；

$h$——引导标识高度，m。

在引导标识被遮挡时，引导标识信息较难被乘客辨识并做出反应，需要对引导标识下边界高度下限进行准确计算，从而避免此现象，可依据式(7-4)计算。

$$\frac{p-n}{H_2-n} \leqslant \frac{m}{L} \tag{7-4}$$

式中：$H_2$——引导标识下边界高度下限，m；

$p$——乘客身高，m；

$m$——遮挡物距离，m。

②角度。

引导标识的角度设置需要充分考虑乘客对信息的处理，避免错误理解。根据人的认知规律，当采取吊挂式的方式布设引导标识时，应置于流线中心线处，且要保证在流线中心线方向与标识布设方向相互垂直；当采取其他方式布设引导标识时，由于无法使标识布设方向与流线方向相互垂直，可将引导标识布设角度控制在45°以内。

③布点选择。

有效地进行引导标识的布局可帮助乘客正确获取标识信息，从而准确地到达目的地，对乘客的出行起到至关重要的作用。通常情况下，应在城市轨道交通车站引导标识布设的范围内有可能改变乘客行走方向的位置点，如出入口、楼梯、流线交叉口、转角处等具有空间特征的一些特殊的位置点布置相关的引导标识。对于乘客与车站来说，引导标识的布点位置选择是关键所在，也是引导标识设置是否有效的体现。

## 二、协调组织管控

1. 基本要求

城市轨道交通车站,尤其是换乘站处,聚集着大流量、流向复杂的行人。为了提高车站的效率,客流的有效组织至关重要。根据以往研究成果,结合调研及实际工程经验,城市轨道交通换乘站处交通的协调组织应符合以下要求:

(1)一体化要求

在城市轨道交通换乘站处设施与客流的相互配合协调方面,要充分考虑前期城市轨道交通换乘站布局,不断提高一体化水平,缩短旅客从一条线路到另一条线路的实际路程和时间花费,强化一体化理念。

(2)流畅化要求

在城市轨道交通换乘站处,不仅要对高密度客流进行疏导,同时也要合理地管控,从而使得客流冲突程度大大降低,使客流运行有序化。同时,需要注意的是,应分离上车、下车人流,且换乘功能的人流应集中于一条行人流线上,从而有助于乘客快速、安全地到达换乘点。

(3)前瞻化要求

城市轨道交通换乘站处是高密度客流的常发地,客流量大且密集,当发生突发性事件时,则会造成一定的安全性问题。因此,在换乘站管控时,要充分考虑紧急情况下的疏散能力,对通道等设施的通行能力要有一定的预留,以确保车站对突发性高密度客流有足够的疏导能力。

2. 高峰时段下高密度客流协调组织

城市轨道交通车站在不同时段客流流量会有差异,一般情况下,工作日的早晚高峰、周末全天和节假日基本均为地铁运营的高峰时间。若在城市轨道交通运行的高峰时间段出现特殊紧急状况,如举办大型活动,此时车站的客流量会成倍地增长,车站客流组织遇到了新的问题,原有的客流组织方案在一定程度上无法更好地疏导客流,造成客流拥堵,甚至会导致事故的发生。当高峰客流出现时,城市轨道交通车站内客流量增大,客流密度提高,不同方向客流流动复杂度增加,不同方向客流冲突可能加剧,从而导致乘客滞留,较难疏导。此时需要通过协调组织客流来解决站内拥堵问题。

(1)合理组织布局换乘站

车站站厅建筑形式的合理布置,是客流组织的基础,特别是客流密度较大的时候,车站合理布设所起的作用更为突出。首先需要对车站站厅进行合理布局与组织,坚持以人为本的理念,站内设施布置既要符合使用要求,同时其通行能力也要有效控制,从而更好地提高车站的客流疏散能力。在城市轨道交通车站内一般分为付费区、非付费区及设备管理站房。其中乘客能到达的区域基本在付费区与非付费区之间。在这两个区域之间,应当通过不同的物理设施进行有效隔离,设置连通通道。同时要在这两区域内部合理布设售票亭、检票闸机、楼梯、电梯等设施,提高城市轨道交通车站的运行效率。图7-1为常规站型车站站厅的典型布置方式,在付费区内乘客流线无交叉现象;非付费区内进、出站流线分明,出站检票机至出入口通道路径短,乘客能迅速出站;两个非付费区之间的联系通道为出站乘客选择出站通道提供了便利,紧急疏散通道设置也符合消防要求。此类形式的站厅布局在实践中被广泛采用,不同类型的车站一般在标准布局形式的基础上做相应调整即可。

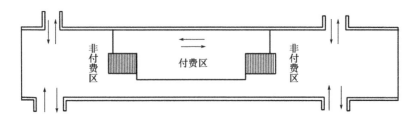

图7-1 典型车站站厅布局

（2）紧急措施的实施

①增加紧急设备数量。在高峰时段，不同方向客流冲突发生的可能性显著提高，给车站通行效率的保证带来了额外压力。客流疏散涉及建筑结构、出入口、闸机口、楼扶梯等通道的数量及通过能力、站台面的容纳能力、列车的装载量、售检票方式、行车交通组织等诸多因素。在车站布置时，有必要充分考虑这一问题，以确保车站通行效率正常，如采取一岛一侧站台。在高峰时段下，侧式站台一侧的扶梯、屏蔽门等设备可打开，满足高密度客流环境下客流行进需求，快速疏导乘客。

②增加秩序维护人员。在城市轨道交通车站的高峰时段，若较难有预见性地充分考虑车站应对高峰时段的举措，则管理部门可在高峰时段适当增加秩序维护管理人员，尤其是在客流冲突现象显著发生或可能发生的通道或卡口增加工作人员数量，以维护乘客行进秩序，保障乘客安全与车站运行的高效性。

（3）规范城市轨道交通票价制度

城市轨道交通票价的规范制定需要从城市轨道交通车站目标定位出发，根据城市轨道交通在不同时间、阶段中在城市中所承担的功能和使命，合理制定并逐步完善票价制度。

在城市轨道交通建设与运营过程中，管理部门应因地制宜，充分结合城市状况，在掌握当前实际环境中的客流特征及车站周边状况下，选择合理的票价计费方法，进而从运营管理上宏观调控客流，以确保车站的客流服务水平。

## 三、换乘设施管控

1. 基本要求

换乘站在城市轨道交通线网中是一个换乘节点和客流吸引点，实现的功能是客流的到达、出发、换乘。乘客是换乘站服务的对象，换乘站设施是提供服务的基础，高效、安全、舒适是乘客的要求，运营人员是服务的提供人，乘客与乘客、乘客与设施存在相互影响。由于环节复杂、不同参与对象的要求不同,对换乘站设施协调应把握其主要功能,遵循如下4点要求:

①通过性要求。城市轨道交通换乘站应当首先确保其通过性功能,能够有序疏导客流,满足高峰时段内客流的各种通行需求,也要考虑到与不同线路间的换乘条件,要具有合理、完整、流畅的特点。

②安全性要求。城市轨道交通车站内部设施除了要符合通过性要求外,也要考虑到其安全因素,要满足在高密度客流情况下的疏散要求,如具备足够明亮的照明设施、详尽的安全出口通道导向标识等。

③舒适性要求。呈现高密度客流特征的城市轨道交通车站,在资金足够充足的情况下,应增设完善的服务设施,如残疾人电梯、座椅、厕所、自动售卖机等,同时应改善车站内部景观特点,符合城市特色,以提高乘客在站内的心理舒适度,缓解乘客的焦虑情绪。

④前瞻性要求。结合车站结构和施工条件,科学考虑远期预留。在建设过程中要为远期车站服务水平提升预留提升空间,以提升车站通行效率与运营安全。

2. 换乘设施形式

换乘站是城市轨道交通线网构架中各条线路的交织点,是提供乘客转线换乘的车站。乘客通过换乘站及其专用通道设施,实现两座车站之间的人流沟通,达到换乘的目的。换乘点的分布和换乘设施形式的灵活性,对城市轨道交通线网的整体功能是十分重要的,同时,换乘站的形式对城市轨道交通线网构架的稳定性也有着较大的影响。换乘设施形式一般根据换乘线路之间的方向与交织形式确定,分为平行交织、垂直交织与斜交交织等形式。按照不同地点和设施分,又可分为同站台换乘、楼梯换乘、站厅换乘、通道换乘、站外换乘、混合换乘等基本形式。

(1)同站台换乘

同站台换乘是一种城市轨道交通系统的转车站布局,其目的是在同一个岛式站台上让通勤者从一个路线的列车的站台下车后,直接步行到对面另一条路线的站台转车。乘客不需要借助楼梯、电动扶梯或电梯走到另一个站台换乘,因此效率得到了提升。同站台换乘站还有一个设立原则就是不要求乘客在换乘时经过计算车费的检票机。

(2)楼梯换乘

当换乘线路间为交叉形式时,一般情况下可认为两线重叠部分为一个整体性节点,可利用楼梯将两车站连通,乘客借助楼梯进行换乘,换乘高差一般为5~6m,此换乘方式比较方便。楼梯换乘方式依两线车站交叉位置的不同,又有十字形、T字形、U字形3种布置形式。楼梯换乘方式根据两站的站台形式不同,有很多组合形式。

但通常由于楼梯宽度受岛式站台总宽度限制,此种换乘方式实施较困难,车站换乘设施较难达到较高的服务水平,发生客流冲突的可能性较大。

(3)站厅换乘

要采取两线或多线的公用站厅形式,一般选择站厅换乘形式,通常相互连通的换乘大厅也可选择此形式。站厅换乘形式的设施中,乘客下车后,出站和换乘行为都必须通过站厅来完成,随后根据站厅内的引导标识出站或换乘另一条线路。

由于下车客流只朝一个方向前进,此种形式有利于减少站台上的客流冲突,车站的通行效率有明显提高,同时也能够节约成本,如可适度减少楼梯等升降设施等。站厅换乘方式与前两种方式相比,乘客换乘路线通常要先上(或下)、再下(或上),换乘总高度大。若是站厅与站台之间是自动扶梯连接,则可以改善换乘条件。

(4)通道换乘

在换乘线路交叉点处,此时车站结构完全分开,两条线路间可以用通道和楼梯连接起来,以供乘客换乘。通常情况下,连接通道一般设于两站站厅之间，也可以在站台上直接设置。

此种换乘方式的布置相对其他方式较灵活，适合在车站位置与换乘线路间交织角度较大的情况，而且预留工程最少，甚至可以不预留。同时通道换乘方式的换乘条件一般由通道长度决定，这便于换乘线路工程分期实施，使后期线路位置调整更具有灵活性。

(5) 站外换乘

站外换乘方式可认为是城市轨道交通车站内的乘客在付费区以外的区域进行换乘，即没有通过或使用专用的换乘设施而达到换乘的目的。通常情况下，此种换乘设施方式应用于以下情况：高架线与地下线之间的换乘，因条件所迫，不能采用付费区内的换乘；两线交叉处没有车站或两车站相距较远；规划不周，已建线未作规划预留，增建换乘设施又非常困难。

选择站外换乘的方式，一般是由于城市道路路网规划不完整导致。此种方式乘客需要增加一次出站手续，步行距离变大，同时站外环境相较于站内更加复杂，人流与车流相互交织，难免造成换乘阻碍。因此，站外换乘方式在实际当中并不常采用，应尽量避免。

(6) 混合换乘

混合换乘是在一种换乘设施单独发挥作用但较难满足现状客流的换乘需求时，采取的一种结合多种换乘方式共同换乘目的的换乘方式。

此种换乘方式能够最大限度地提高车站内换乘效率与车站的服务质量，实际车站建设当中一般也较常采用。

3. 不同换乘设施形式对比分析

不同的换乘方式具有不同的功能特点，具有各自的优缺点，其适用的条件也不同，针对具体情况采用合适的换乘方式能够极大地提高城市轨道交通的运输效率和服务水平。在实际城市轨道交通车站换乘设施形式选择时，当使用单一的换乘设施方式难以达到预期目的时，可以适当采用两种及两种以上的换乘方式共同发挥换乘功能，完善换乘条件，降低工程造价，从而尽可能提高乘客的通行效率与车站的服务水平。常见的换乘方式的功能特点及优缺点比较见表7-2。

不同换乘设施功能特点比较  表7-2

| 换乘方式 | 换乘设施 | | 功能特点 | 线路数 | 优缺点 | 适应性 |
|---|---|---|---|---|---|---|
| 同站台换乘 | 同平面站台 | | 某些方向在同一站台平面内换乘，其他方向需要通过连接系统换乘 | 两线换乘 | 换乘直接，换乘量大，部分客流换乘距离较大 | 适宜用在两条线路平行交织、采用岛式站台的车站形式 |
| | 上下平行站台 | | | | | |
| 站厅换乘 | — | | 通过各线公用站厅换乘，将各站厅相互连通进行换乘，乘客需上下楼梯 | 两线或多线换乘 | 客流组织简单，换乘速度快，引导标志设置重要 | 在各条线路分期施工的情况下，可以考虑使用站厅换乘，适用于站台上人流交织多、换乘客流较大、站台拥挤的情况 |
| 楼梯换乘 | 十字形 | 岛式与岛式 | 通过一次上下楼梯或自动扶梯在站台与站台之间直接换乘 | 两线换乘 | 一点换乘，客流方便但交叉 | 适宜用在侧式站台间换乘或与其他换乘方式组合应用 |
| | 十字形 | 岛式与岛式 | 通过一次上下楼梯或自动扶梯，在站台与站台之间直接换乘 | 两线换乘 | 两点换乘，换乘量中等 | 适宜用在侧式站台间换乘或与其他换乘方式组合应用 |
| | | 侧式与侧式 | | | 四点换乘，换乘量大 | |
| | T、L形换乘 | | | | 相对十字换乘，步行距离长 | |
| 通道换乘 | T、L、H形站位 | | 通过专用的通道进行换乘 | 两线或多线换乘 | 换乘间接，步行距离长，换乘能力有限，但布置灵活 | 适用于两线或多线换乘的情况，当线路的位置不利于布置其他换乘方式时，可利用该换乘方式布置灵活的特点，但是该换乘方式步行距离长 |

续上表

| 换乘方式 | 换乘设施 | 功能特点 | 线路数 | 优缺点 | 适应性 |
|---|---|---|---|---|---|
| 混合换乘 | — | 同站台换乘、楼梯换乘、站厅换乘以及通道换乘中两种或两种以上方式得当组合 | 两线或多线换乘 | 保证所有房型的换乘得以实现 | 是同站台换乘、楼梯换乘、站厅换乘以及通道换乘中两种或两种以上方式的组合,适用于两线或多线换乘,能保证所有方向的换乘得以实现 |
| 站外换乘 | — | 没有设置专用设施,在付费区以外进行换乘,乘客客流增加一次进出站手续 | 两线或多线换乘 | 步行距离长,客流混合,由路网规划的系统缺陷造成 | — |

## 四、宣传教育管控

**1. 培养自救互救意识**

当前,城市轨道交通车站内乘客的公共安全意识仍较为薄弱,相关的自救与互救意识较为匮乏。特别是在高密度客流突发情况下,大部分乘客一般都会由于恐慌心理而难以理性做出正确的应对措施,对自身财产安全造成损失,同时影响了车站内乘客的快速疏散,车站服务水平降低。

具体可通过以下3种手段培养乘客的自救互救意识:

(1)通过讲座、网络等手段。以城市轨道交通车站突发事件为例,讲解突发事件成因及后果,提升乘客对突发事件的认识水平,强化乘客自救互救的意识。

(2)采取授课的方式。对乘客讲解突发事件的类型、特性及其应对方法,提高乘客在不同突发事件情况下有针对性地采取自救措施的能力。

(3)鼓励互救行为。应鼓励乘客在保证自身安全的情况下对其他受灾乘客进行救助,如帮助受困人群拨打求救电话、对身体不适人群实施现场救护、对不熟悉车站环境人群提供引导等。

2.加强宣传教育

应急知识的宣传教育能够使乘客掌握应对高密度突发客流事件的基本技能,这是提高乘客应急能力的重要手段。如果乘客掌握了一定的应急知识,就能够具备有效应对突发事件的心理素质,使其在疏散过程中更加理性,从而提高应急疏散效率。为了加强应急知识的宣传教育,政府部门及相关交通运营单位应做到以下两点:

(1)"对症下药"。由于车站内乘客属性不同,如文化程度、社会层次、年龄等,乘客对高密度客流突发情况相关认识和救助知识的了解程度不同。因此,管理部门应针对不同种类的乘客群体制定不同的应急知识宣传内容并采取不同的宣传方式,以保证车站内乘客安全。

(2)建立高密度客流应急知识教育体系。在高密度突发客流事件应急知识的宣传教育过程中,学生应当以学校教育为主体,而对于社会人员来说,应当以社区、企业、媒体等方式为主导,从而建立全面的应急知识教育体系,做到不留死角。

## 第三节 交叉冲突客流管控策略

### 一、基于多角度的交叉客流流线优化

1.交叉角度对客流的影响

基于多角度特性的行人试验,可得到交叉角度对客流特征的影响。

(1)行走方向

当客流夹角在30°~90°之间变化时,两股行人流的目的地基本相同。交叉角度越小,两股客流沿不同方向行走的概率越小,可以认为是同一股客

流向同一目的地行走,因此产生冲突越小。当行人流量较小时,行人不需要立即穿越,而是先向前行走,找到适当的间隙后再穿过;当行人流量大时,交叉区域人群拥挤,没有足够的间距供行人穿越,使其不得不在交叉区域减速或停止。

当客流夹角在90°~120°之间变化时,随着夹角的变大,行人必须沿Z字形走以避免与另一个方向的行人发生冲突。

当客流夹角从120°~150°变化,并接近180°时,对于较小流量来说,行人流很容易形成自组织,并且行人穿越过程中更容易向前行走,找到适当的间隙通过;当行人流量大时,虽然穿越间隙很容易能被看到,但是高密度人流致使Z字形穿越方式越来越多,同时,行人自组织不明显。

(2) 速度

当行人流夹角为30°~90°时,对于较小流量来说,交叉角度越小,行人平均速度越大;对于大流量客流,交叉角度越小,行人平均速度越小。

当行人流夹角为90°~120°时,对于较小流量来说,随着交叉角度的增加,行人平均速度降低;对于大流量客流,交叉角度越大,行人平均速度越大。

当行人流夹角在120°~150°之间变化,并接近180°时,对于较小流量来说,随着交叉角度的增加,行人的平均速度增大;对于较大客流,交叉角度越大,行人平均速度越小。

(3) 通行效率

行人通行效率反映了对空间使用状况。表7-3为本次行人试验中不同流量下出口的通行效率和行人流夹角的拟合函数。

不同流量下出口的通行效率和行人流夹角的拟合函数　　　　表7-3

| 流量[人/(h·m)] | 通行效率 $y$ 和客流夹角 $x$ 的函数拟合关系 | $R^2$ |
|---|---|---|
| 1000 | $y = 0.03232x^2 - 9.11808x + 2550.64817$ | 0.9527 |
| 3000 | $y = 0.07481x^2 - 17.23589x + 3512.72727$ | 0.9156 |
| 5000 | $y = -0.05047x^2 + 17.31369x + 2710.66176$ | 0.9373 |

总体来说,在行人流交叉不可避免的情况下,较小流量时应该设计较小的行人流夹角,较大流量时设计较大的行人流夹角,从而提高地铁站和公共场所行人的通行效率。

2. 多角度流线优化措施

基于交叉客流冲突的多角度特性,针对在客流组织流线设计和设施规划中的客流流线可变冲突,寻找交叉客流冲突最佳角度,以达到提高客流通行效率的目的。

因此,在不同流量下,应对于不同级别的客流流量,采取不同的控制措施和客流组织方案,大客流时应尽量避免大角度的交叉客流冲突,小客流时则尽可能采用大角度流线设计。

## 二、基于环流现象的交叉客流环岛

当两股主-主客流发生冲突时,会产生不稳定的环流现象。针对这一特殊现象,可在客流交叉区域设置环岛,以稳定环流、抑制交叉区域客流"垂直"或"水平"运动、促成自组织斑纹形成的思路。图7-2为应用环岛解决客流交叉冲突问题的实例。

图7-2 上海浦东陆家嘴环岛

环岛的设置对客流的影响有如下3点：

(1) 无论两股行人流还是三股行人流，在行人交叉区域设置环岛后，虽然行人的走行距离变长，但是通行时间基本不变甚至减少。同时，设置环岛后，客流的平均速度和中位速度增加，速度标准偏差和加速度的波动频率降低，整体上将减缓客流冲突。

(2) 当交叉冲突客流流量较大时，环岛的设置更为有效。随着客流流量的增加，设置环岛与不设置环岛下客流速度相比，速度增加率更大。

(3) 在环岛前设置导向标志，引导交叉行人沿同一方向行走，将客流冲突点转变为通行点，可以有效减少行人间的冲突，使客流整体速度增加，通行时间减少。

### 三、基于可接受间隙理论的交叉客流限流管控

1. 可接受间隙理论

可接受间隙理论目前主要应用于无信号交叉口的机动车冲突分析，通过调查主要车流在交叉口冲突区的通过特性，分析次要车流穿越主要车流的临界间隙。在解决城市轨道交通车站内客流交叉冲突问题时，可借鉴可接受间隙理论，对发生交叉的客流进行主、次划分，进而采取管控措施。

2. 轨道站点内客流划分

行人在轨道站点站厅内，当两股客流行进路径相交时，由于不存在任何控制和引导，客流自主通过，这与无信号交叉口的情景类似，如图7-3所示。

同时，在相交的两股人流中，换乘客流流量较大且具有明显的间隔规律，进站客流流量相对较少且为连续到达，因此将换乘客流类比为主要车流，进站车流类比为次要车流。

3. 可接受间隙限流方法

利用进站客流和换乘客流的主-次交叉冲突的间断特性，对次要客流进行间歇放行，以确保大部分的次要客流可在主要客流的间隙通过，降低冲突

强度,从而防止客流频繁地加减速,提高客流平均速度,有效降低冲突强度,进而提高通行效率。

为了方便计算每个换乘客流间隙 $t$ 内可通过的进站客流理论人数,将进站客流简化为一个由 $m$ 行、$n$ 列的行人组成的矩阵,如图7-4所示。

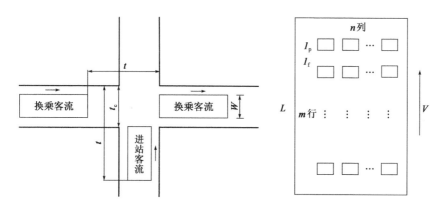

图7-3 轨道站点内客流划分　　　　图7-4 进站客流示意图

根据可接受间隙理论,临界间隙 $t_c$ 为允许次要车流一辆车通过交叉口所需的时间。类比得到在十字客流冲突中,临界间隙 $t_c$ 即为允许进站客流一排人通过冲突区域的临界时间,其计算方法如下:

$$t_c = \frac{W}{V} \tag{7-5}$$

式中:$W$——换乘客流宽度,m;

$V$——进站客流速度,m/s。

因此,可供 $m$ 行进站客流通过的冲突区域的时间为:

$$t = \frac{W+L}{V} = \frac{W + ml_p + (m-1)l_f}{V} \tag{7-6}$$

式中:$L$——进站客流长度,m;

$l_f$——人与人之间纵向间距,m;

$l_p$——每人所占空间长度,m。

由式(7-6)推导出：

$$m = \frac{Vt - W + l_f}{l_p + l_f} \quad (7-7)$$

于是，在一个换乘客流间隙 $t$ 内，允许进站客流可通行的人数为：

$$N = m \times n = \frac{Vt - W + l_f}{l_p + l_f} \times n \quad (7-8)$$

式中：$m$——换乘客流间隙，s；

$n$——进站客流列数，列。

4. 优化措施

(1) 对次要客流采用可接受间隙控制措施，可有效避免部分客流的直接冲突，防止客流频繁地加减速，提高客流平均速度，从而有效降低冲突强度，进而提高通行效率。

(2) 利用可接受间隙方法进行限流时，在控制间隙通过的次要客流为理论推导人数时，效果最佳。

## 四、其他减少客流交叉的管控措施

1. 交叉位移法

所谓交叉位移法，就是将非客流高峰期在站内或站前广场上产生的流线交叉点外移至站外或站前广场外，以减少流线交叉的密度。

在客流高峰期，将站前广场纳入整体考虑，根据实际需要在站前广场搭建临时候车雨棚，使所有的客流交叉均在广场外进行。这样虽然使客流行程增加，也增加了人流与车流的交叉，但却使流线组织纳入安全、有序、可控的范围，大大减少了流线交叉点并降低了流线交叉密度。

2. 物理切割法

所谓物理切割法，就是将进站的客流在空间上进行分割，以减少交叉。交叉点的减少可以降低干扰度、缩短进出站时间，使车站的服务水平更高。

具体来讲,将进站、出站、购票等各种流线分开,以减少交叉点,可以通过高架、地道等立体交叉疏解方式解决,也可以在同一平面上通过控制各种流线的方向解决,通过铁栏杆将客流进行分割。

3. 源头控制法

所谓源头控制法,就是通过控制各种流线的数量,以达到流线疏解的目的。可采取以下措施:

(1)加强车票预售工作,减少直接到车站购票客流。

(2)增设行包代理业务,降低旅客在站内的流动。

(3)通过地方部门的配合,减少进站前广场的公共汽车数量,使其在广场外合适的地点上下乘客。

(4)通过与政府部门协调,对社会秩序进行综合治理,减少在站内或广场内外来回穿梭的闲杂人员数量。

4. 提高流速法

人流、车站之间主要流线交叉在进站口及广场周边进行,因此,控制进站口及广场的秩序,提高人流、车流的速度非常重要。可采取以下措施:

(1)运用客运人员、公安、武警的力量不断疏通通道,不允许在通道坐卧停留。

(2)加强对整个车站客流组织的指挥工作,保证每个点的畅通。

(3)加强客运引导,合理布置各种提示,使乘客能够较容易地确定行进方向。

## 第四节　瓶颈处密集客流管控策略

城市轨道交通车站建成投用后,随着客流的增长,会出现车站内部瓶颈阻碍通行效率的现象。因此,需要寻找管理控制措施来缓解或解决城市轨道交通车站客流组织中的瓶颈问题,探寻便捷的、低成本的、短周期的、高效率的管理控制优化设施。

基于对城市轨道交通车站瓶颈的分析,对于有改造条件的车站,可以通过改变设施的结构来增大瓶颈处设施的设计能力,达到疏解瓶颈的目的;对于没有改造条件的车站,当静态瓶颈设备设施的能力已不能满足现有的车站客流需求时,可以从优化车站客流组织方案和优化设备配置使用方案两个方面提出车站瓶颈的疏解措施。

## 一、改变设施结构

1. 漏斗形结构改造瓶颈

行人在瓶颈处会出现个体寻路现象,由于路径选择的不同,在瓶颈处会形成三股人流同时竞争行走空间,压力集中在瓶颈入口处;同时,瓶颈入口处会出现空间夹角现象,行人所占用区域的横断面宽度随到瓶颈的纵向距离变化呈漏斗形,瓶颈入口两侧的空间利用率低。

因此,将空间利用率低的瓶颈入口两侧设置为直线漏斗形状或曲面漏斗形状,从而杜绝行人寻路行为导致的竞争行为,避免三股人流在瓶颈入口的冲突。改造原理如图 7-5 所示。

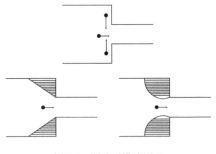

图 7-5 漏斗形措施原理

2. 增设护栏

城市轨道交通经常在通道入口、扶梯、楼梯等地方设置延长的护栏,如图 7-6 所示。这项措施可以提醒行人前面有瓶颈路段,有助于行人提前适应瓶颈环境。

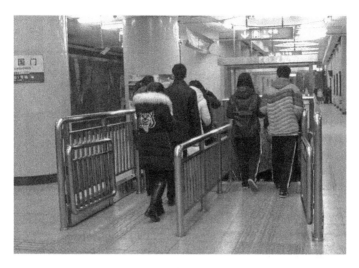

图7-6 北京地铁中楼梯前的护栏

目前在高峰时期最常采用的限流措施是,采用设置限流栏杆迂回进站路径或检票机前拦截、分批放行等方式调节车站的入站客流和乘客的行走速度。其中,采用限流栏杆搭设临时通道调整客流路径最为普遍,护栏的设置对行人的运动特性有很大影响。当出口宽度较小或较大时,在双出口间设置分隔栏杆对促进平均通过时间的缩短有着显著的作用。双出口系统中存在"过渡区域",该区域的大小受分隔栏杆长度影响。栏杆长度越长,区域范围越小,平均通过时间就越短,出口的流量和人群密度在拥挤阶段的稳定性就越高,出口的利用率也相应提高。

3. 设置曲面形瓶颈结构

在流体力学中,凸形是效率最好的形式。将城市轨道交通通道出口的门框两侧改为曲面结构,结合地铁设计的有关规范,进行优化设置,可避免该地铁车站原有瓶颈口的垂直出口导致人流行走速度突然降低,以减小其对站内乘客有效疏散的不利影响。如图7-7所示,瓶颈处可以设置曲面形措施,包括凹形和凸形。

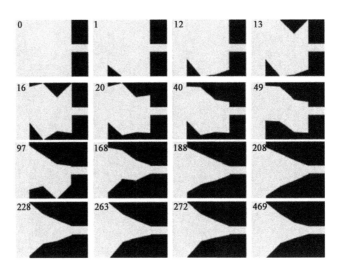

图 7-7 瓶颈出口不同优化形状

4. 设置圆柱障碍物

目前已经有很多研究者采用模拟试验的方法研究在疏散出口设置障碍物对人群运动状态的影响情况。出口前可设置的障碍物形状一般包括圆柱形和平板形两种。其中,圆柱的功效类似于传统的"破浪"作用(Wave Breaker),它可以吸收人群内的挤压强度并使之降低到临界强度以下的等级,而且它也不会像横向栏杆那样,设置在空间内会严重地阻碍人群向出口的运动。

当圆柱形障碍物放置在距离出口的某些位置时,出口通行量会有显著的提高。如果考虑人群内由于拥挤产生的摩擦影响,障碍圆柱还可以降低瓶颈内个体之间的冲突数。此外,稍微不对称的布设方式比将其放置在正中位置对降低冲突的影响更加有利。这是因为障碍物产生的屏蔽效应(Screening Effect),行人到达出口处会犹豫是否需要绕开障碍物行走更多的路程,所以在出口附近越是对称地放置障碍物,越会加剧这种负面效应。

综上所述,4 类管理控制措施场景如图 7-8 所示。

改变瓶颈设施结构可为行人流带来以下正面作用:

(1)通过将行人的行走目标分离开来,使行人目标不直接指向出口瓶颈处。通过障碍物阻拦转移一部分人群的目标吸引力,从根本上消除人群拥挤形成的横向推力与干扰,使人群快速、有序地通行。

(2)充分利用空间,强制行人围绕在护栏左右,降低并均衡行人流密度。防止行人过于集中在通道出口,确保其密度均衡。

(3)管理控制措施的设置在保证行人能够快速通过出口的同时,可提高行走轨迹的平滑程度,防止出现动荡,避免过度拥挤对行人通行产生的副作用,形成稳定的行走队伍。

(4)防止两侧行人同时挤入中间地带,以此保障中间地带行人优先流向出口。虽然一部分人的行走路线被延长,但是保障了其他人先行通过瓶颈,使整个通行时间急剧缩短,有效避免了行人在瓶颈处形成的"成拱现象"。

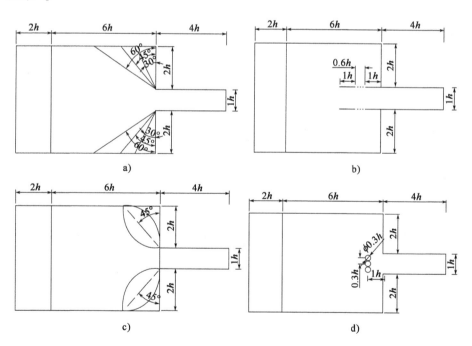

图 7-8　管理控制措施的设置(注:$h$ 表示单位长度)

## 二、优化站内设备

在城市轨道交通车站内,主要的设施设备包括安检设备、自动售检票机,这些设施设备是瓶颈形成的主要位置。对站内设备的布置进行优化,可提高车站的通过能力,从而缓解客流拥堵,避免瓶颈的产生。

1. 增加安检设备和自动售票机的数量

携带行李的乘客需要在车站进行安检,乘客所带行李越多,相应需要的安检时间也越长,在高峰客流时期容易造成乘客在安检设备处的排队和拥堵。同样,自动售票机数量的不足也容易造成排队购票乘客的堆积。因此,在客流高峰期或突发大客流情况下,可考虑增加车站安检设备和自动售票机的数量,以减少乘客安检和购票的排队时间。

2. 优化检票机配置使用方案

自动检票机是城市轨道交通车站的重要设备,乘客进站和出站都需要通过车站的检票机。由于检票机的服务时间基本固定,因此应针对检票机的配置进行优化,包括增加检票机的数量和优化检票机的设置位置。在客流高峰时期,可根据乘客进站和出站的需求,相应地增加车站的进站检票机和出站检票机数量;同时,可考虑改变闸机的设置位置,使进出站客流尽量分隔开,从而减少对向客流的相互干扰。

## 三、人为管控辅助

人为管控能够弥补因车站客观条件(如车站位置、站内空间等)对客流组织带来的负面影响。在应对高峰时段或突发状况导致的高密度客流时,有关部门应按照以下组织方案进行协调管控:

1. 加强客流引导

强化车站的信息类设备设施,做好宣传和疏导工作,提供问询服务,使车站客流得到及时疏散,从而加速乘客周转。首先,车站的导向类标识要足够醒目,并设置于行人举目可及的高度和方位,使行人一目了然,并能够以最快的速度在车站内完成集散过程,缩短乘客在站的集散时间;其次,在客流高峰时期和突发大客流情况下,要配备工作人员,加强客流引导,组织乘客安全快速集散。

2. 增加人员培训

城市轨道交通车站需增加对安检员、售票员等工作人员的业务培训,提升车站员工的业务熟练程度,使乘客能够快速高效地安检和购票,以节省乘客在车站的集散时间。

3. 加强站台客流组织

乘客到达站台后一般会选择在离进出站口较近的位置候车,若到达列车内的乘客分布不均衡,可能会引起上下车乘客在某几个车门处产生拥挤和堆积现象,导致列车在车站停留时间的延长。因此,需要加强站台客流组织,使站台上的候车乘客和列车内的下车乘客尽可能地分布均衡,便于候车乘客快速上车并缩短列车在站停留时间。

4. 实行进站限流措施

在突发的高密度客流情况下,当城市轨道交通车站的集散能力不能满足客流集散需求时,为了保障乘客的安全集散,需考虑对个别车站采取限流措施。可通过在车站的站外广场增设导流围栏,疏导进站乘客流,避免大量乘客同时涌入车站入口造成的长时间拥堵,从而保证乘客的安全顺利集散。

5. 列车交替甩站通过

在高峰客流时段,当车站的出站客流量较大时,为避免出站乘客在站台和出站设备设施内的积压,影响乘客的顺利出站,可考虑改变列车的停站方案,使列车交替甩站通过。这相当于将列车运行间隔时间增加一倍,以减少高峰时段内的下车乘客数量,保证下车乘客能顺利出站。此时,相邻车站的乘客可能会因无法及时上车而在车站内造成客流积压,可考虑对相邻车站实施进站限流措施。

# 参 考 文 献

[1] 张秀媛.城市轨道交通客流分析[M].北京:北京交通大学出版社,2011.

[2] 李三兵.城市轨道交通车站客流特征与服务设施的关系研究[D].北京:北京交通大学.

[3] 方正,袁建平,王晓刚,等.火车站客流密度与移动速度的观测研究[J].消防科学与技术,2007,26(1):12-15.

[4] 尹玉龙.地铁车站超大客流流线设计与优化[D].成都:西南交通大学,2013.

[5] HURLEY M J, GOTTUK D T, HALL J R, et al. SFPE handbook of fire protection engineering[M].5th edition. New York:Springer, 2016.

[6] 胡清梅.城市轨道交通车站客流承载能力的评估与仿真研究[D].北京:北京交通大学,2011.

[7] 美国交通运输研究委员会.公共交通通行能力与服务质量手册[M].3版.杨晓光,腾靖,译.北京:人民交通出版社股份有限公司,2018.

[8] 杨静.城市轨道交通客流特性与预测研究[M].北京:人民交通出版社股份有限公司,2020.

[9] HANKIN B, WRIGHT R. Passenger flow in subways[J]. OR,1958,9(2):81-88.

[10] 何流.城市轨道交通枢纽行人行为特性分析与建模[D].南京:东南大学,2013.

[11] 廖明军.城市轨道交通站内行人行为建模[D].上海:同济大学,2008.

[12] 四兵锋.城市轨道交通客流分析及预测——方法与应用[M].北京:人民交通出版社股份有限公司,2019.

[13] 马云龙,熊辉,蒋晓蓓,等.行人特性对步行行为影响分析[J].交通与运输(学术版),2009(1).

[14] LAM W H K,MORRALL J F,HO H. Pedestrian flow characteristics in Hong Kong[J]. Transportation Research Record,1995,1487:56-62.

[15] TANARIBOON Y,HWA S S,CHOR C H. Pedestrian characteristics study in singapore[J]. Journal of Transportation Engineering,ASCE,1986,112(3):229-235.

[16] 美国交通研究委员会.道路通行能力手册[M].4版.任福田,刘小明,荣建,译.北京:人民交通出版社,2010.

[17] FRUIN J J. Design for pedestrians:a level-of-service concept[J]. Highway Research Record,1971,355:1-15.

[18] TEKNOMO K. Microscopic pedestrian flow characteristics:development of an image processing data collection and simulation model[J]. Tohoku University Japan,2016.

[19] GUPTA A,SINGH B,PUNDIR N. Effect of gradient on pedestrian flow characteristics under mixed flow conditions[J]. Transportation Research Procedia,2017,25:4724-4736.

[20] VANUMU L D,RAO K R,TIWARI G. Fundamental diagrams of pedestrian flow characteristics:A review[J]. European Transport Research Review,2017,9(4):49.

[21] PATRA M,SALA E,RAVISHANKAR K V R. Evaluation of pedestrian flow characteristics across different facilities inside a railway station[J]. Transportation Research Procedia,2017,25:4767-4774.

[22] 文清华.高铁客运枢纽客流安全状态识别[D].成都:西南交通大学,2015.

[23] 谢征宇,董宝田.基于视频监控的高铁客运枢纽行人安全预警系统研究[J].物流技术,2011,30(7):95-96.

[24] 陈宁.城市轨道交通枢纽通道行人异常事件自动检测技术研究[D].北京:北京工业大学,2015.

[25] 汪瑞琪,张缨.城市轨道交通车站内客流集散瓶颈识别及排序方法[J].交通信息与安全,2017,35(1):71-79.

[26] 郭帅,贾鹤鸣,张晓荣,等.基于图像分析的公交车客流状态实时监测研究[J].科技创新与生产力,2017(9).

[27] 张清泉.城市轨道交通客流预警系统研究[D].重庆:重庆交通大学,2016.

[28] LIGHTHILL M J,WHITHAM G B. A theory of traffic flow on long crowded roads[J]. Proceedings of the Royal Society A Mathematical Physical & Engineering Sciences,1955,229(1178):317-345.

[29] HOOGENDOORN S,DAAMEN W. Microscopic parameter identification of pedestrian models and implications for pedestrian flow modeling[J]. Transportation Research Record Journal of the Transportation Research Board,2006,1982(1):57-64.

[30] TOMOEDA A. The 15th symposium on simulation of traffic flow[J]. Applied Mathematical,2010,20:174-175.

[31] STANITSAS P D,HOURDOS J. Simulating realistic shockwave propagation on hot lanes [C] // Transportation Research Board 92nd Annual Meeting. 2013.

[32] TU Q,WENG J C,WANG C. A dynamic identification method of passenger flow congestion risk in rail transit hub station based on grey clustering[C]// International Conference on Transportation Information and Safety. IEEE,2017.

[33] OZUMI H,SAKAMOTO K. Survey research on flow of passengers on plat-

forms using laser technology[J]. Jr East Technical Review,2010.

[34] 张培红,陈宝智,卢兆明.人员应急疏散行动开始前的决策行为[J].东北大学学报自然科学版,2005,26(2):179-182.

[35] 胡清梅.大型公共建筑环境中人群拥挤机理及群集行为特性的研究[D].北京:北京交通大学,2006.

[36] 张驰清.城市轨道交通枢纽乘客交通设施服务水平研究[D].北京:北京交通大学,2008.

[37] 刘雪琴.基于交通一卡通大数据的公交客流分析与预测[D].广州:广东工业大学,2016.

[38] 李意.地铁车站火灾条件下疏散客流状态的仿真分析[D].成都:西南交通大学,2017.

[39] 孙晓燕,朱军芳.部分道路关闭引起的交通激波特性研究[J].物理学报,2015,64(11):272-287.

[40] HELBING D. A fluid dynamic model for the movement of pedestrians[J]. Complex Systems,1992,6(5):391-415.

[41] ZAKI M H,SAYED T. Automated analysis of pedestrian group behavior in urban settings[J]. IEEE Transactions on Intelligent Transportation Systems, 2017(99):1-10.

[42] LEE H,STRAWDERMAN L,USHER J M. Utilizing video footage for the analysis of pedestrian behavior[J]. 2008.

[43] KWON J, JU Y K. The influence of the environmental factors on pedestrians' emotional affectivity in the chang-dong subway station commercial district[J]. Journal of the Korean Society of Living Environmental System, 2017,24.

[44] HOOGENDOORN S, DAAMEN W. Self-organization in pedestrian flow

[J]. Traffic & Granular Flow,2005:373-382.

[45] HENDERSON L F. The statistic of crowd fluids[J]. Nature,1971,229:381-383.

[46] 吕剑,史其信,杨新苗.基于运动轨迹采集的混合交通特性研究[J].武汉理工大学学报(交通科学与工程版),2009,33(1):1-4.

[47] 吴娇蓉,冯建栋,叶建红.磁卡和IC卡并用检票闸机通行能力分析[J].同济大学学报(自然科学版),2010,38(1):85-91.

[48] MURAMATSU M,NAGATANI T. Jamming transition of pedestrian traffic at a crossing with open boundaries[J]. Physica A,2000,286:377-390.

[49] 张培红,黄晓燕,万欢欢,等.人员群集流动自适应元胞自动机模型研究[J].沈阳建筑大学学报(自然科学版),2006,22(2):289-293.

[50] 丁建勋,黄海军,唐铁桥.一种考虑速度随机慢化概率动态演化的交通流元胞自动机模型[J].物理学报,2009,58(1):7591-7595.

[51] 贾斌,高自友,李克平,等.基于元胞自动机的交通系统建模与模拟[M].北京:科学出版社,2007.

[52] 崔喜红,李强,陈晋.基于多智能体技术的公共场所人员疏散模型研究[J].系统仿真学报,2008,20(4):1006-1010.

[53] 吉岩,李力,胡坚明,等.一种基于分片磁场和动态博弈的行人仿真模型[J].自然科学进展,2009,19(3):337-343.

[54] 尚华艳,陆化普,彭愚.基于元胞自动机的乘客登机策略[J].清华大学学报(自然科学版),2010,50(9):1330-1333.

[55] 周金旺,邝华,刘慕仁,等.成对行为对行人疏散动力学的影响研究[J].物理学报,2009,58(5):3001-3007.

[56] 温坚,田欢欢,薛郁.考虑次近邻作用的行人交通格子流体动力学模型[J].物理学报,2010,59(6):3817-3823.

[57] HAO YUE,HONGZHI GUAN,CHUNFU SHAO,et al. Simulation of pedestrian evacuation with asymmetrical exits layout[J]. Physica A,2011,390: 198-207.

[58] OKAZAKI S.A study of pedestrian movement in architectural space,part 1: pedestrian movement by the application on of magnetic models[J]. Transactions of Architectural Institute of Japan,1979,283:111-119.

[59] HELBING D,MOLNAR P. Social force model for pedestrian dynamics[J]. Physical Review E,1995,51(5):4282-4286.

[60] HELBING D,FARKAS I,VICSEK T. Simulating dynamical features of escape panic[J]. Nature,2000,407:487-490.

[61] 孟洁,王惠文,黄海军,等.基于核函数变换的PLS回归的非线性结构分析[J].系统工程,2004,22(10):93-97.

[62] JOHANSSON A. Constant-net-time headway as key mechanism behind pedestrian of dynamics [J]. Physical Review E,2009,80:26-120.

[63] 陈涛,应振根,申世飞,等.相对速度影响下社会力模型的疏散模拟与分析[J].自然科学进展,2006,16(12):1606-1612.

[64] 李得伟,韩宝明,张琦.基于动态博弈的行人交通微观仿真模型[J].系统仿真学报,2007,19(11):2590-2593.

[65] 胡清梅,方卫宁,邓野.一种基于社会力的行人运动模型研究[J].系统仿真学报,2009,21(4):977-980.

[66] 郑小平,钟庭宽,刘梦婷.用于群体疏散的数字仿真方法研究[J].系统仿真学报,2009,21(12):3503-3508.

[67] HOOGENDOOM S P,DAAMEN W. Pedestrian behavior at bottlenecks[J]. Transportation science,2005,39(2):147-159.

[68] HOOGENDOOM S P,DAAMEN W,BOVY P H L. Extracting microscopic

pedestrian characteristics from video data[C]. Transportation Research Board Annual Meeting,2003:1-15.

[69] DAAMEN W, HOOGENDOOM S. Experimental research of pedestrian walking behavior[J]. Transportation Research Record: Journal of the Transportation Research Board, 2003(1828):20-30.

[70] LIDDLE J, SEYFRIED A, KLINGSCH W, et al. An experimental study of pedestrian congestions: influence of bottleneck width and length[J]. Physics, 2009.

[71] TIAN W, SONG W G, LN W, et al. Experiment and analysis on microscopic characteristics of pedestrian movement in building bottleneck[J]. Science China Technological Sciences,2011,54(7):1730-1736.

[72] 刘轩.基于图像处理的行人运动微观行为特征实验研究[D].合肥:中国科学技术大学,2009.

[73] SEYFRIED A, STEFFEN B, KLINGSCH W, et al. The fundamental diagram of pedestrian movement revisited—empirical results and modelling[M]. Heidelberg:Springer,2007.

[74] 田伟.建筑瓶颈处人员运动行为特性参数的提取与研究[D].合肥:中国科学技术大学,2011.

[75] 史贺旺.基于社会力模型的穿越瓶颈行人流行为与策略研究[D].呼和浩特:内蒙古大学,2014.

[76] 万涛,高煦明,刘杰,等.城市轨道交通车站客流来源空间分析及接驳优化——以天津市为例[J].城市交通,2021,19(2):112-120.

[77] 张伦,陈扶崑.地铁车站大客流运营组织探讨[J].城市轨道交通研究,2011,14(5):87-90.

[78] 丁波.地铁车站客流组织的影响因素及对策分析[J].交通世界,2019

(31):19-20.

[79] 梅丽.城市轨道交通接驳方式选择研究[D].成都:西南交通大学,2013.

[80] 余杰.城市轨道交通车站客流承载力研究[D].北京:北京交通大学,2018.

[81] 施晓蒙.行人交通流复杂运动特性与交互行为实验研究[D].南京:东南大学,2018.

[82] 齐泽阳.考虑避让和接触行为的对象行人流运动模型构建研究[D].北京:北京建筑大学,2019.

[83] 吴娇蓉,冯建栋,陆苏刚.通道行人超越行为研究[J].同济大学学报(自然科学版),2012,40(2):228-234.

[84] 马剑.相向行人流自组织行为机理研究[D].合肥:中国科学技术大学,2010.

[85] 蒋启文.城市轨道交通车站进出站设施优化配置问题研究[D].北京:北京交通大学,2009.

[86] 武鑫森,岳昊,刘秋梅,等.步行通道内行人流拉链现象的生成机理与仿真研究[J].物理学报,2021,70(6):337-350.

[87] 付玲玲.城市轨道交通枢纽站点间换乘设施设计研究[D].西安:长安大学,2008.

[88] 董瀚萱.城市轨道交通车站承载能力计算及客流控制分析[D].西安:长安大学,2018.

[89] 王智鹏.城市轨道交通网络瓶颈识别与能力加强研究[D].成都:西南交通大学,2016.

[90] 王莹.城市轨道交通网络瓶颈控制研究[D].成都:西南交通大学,2020.

[91] 孙宇.城市轨道交通车站通行设施能力匹配性评估与瓶颈识别方法研究[D].北京:北京交通大学,2016.

[92] 李杏彩,刘少博,王亚飞,等.考虑礼让规则与出口切分的瓶颈处行人动力学规律研究[J].中国安全生产科学技术,2020,16(12):37-43.

[93] 李得伟,张琦,韩宝明.城市轨道交通大客流风险动态控制理论与方法[M].北京:人民交通出版社股份有限公司,2015.

[94] 于海霞.北京地铁西直门站换乘客流组织研究[D].北京:北京交通大学,2008.

[95] 覃矞.城市轨道交通枢纽规划与设计理论研究[D].上海:同济大学,2016.

[96] 牛艳丽.公路客运交通枢纽换乘高效化对策研究[D].重庆:重庆大学,2013.

[97] 石振东.新唐山站旅客引导标识系统设计研究[D].北京:中国铁道科学研究院,2015.

[98] 陈凌云.城市轨道交通车站乘客引导标识设置的有效性研究[D].成都:西南交通大学,2016.

[99] 蒋海峰,韩文元,张智勇.交通指路标志字高与视认性关系研究[J].公路交通科技,2009,26(7):115-120.

[100] 牛艳丽.公路客运交通枢纽换乘高效化对策研究[D].重庆:重庆大学,2013.

[101] 马嘉琪,白雁,齐茂利.基于微观仿真的同站台换乘站客流疏散研究[J].中国安全科学学报,2009,19(11):172.

[102] 管旭日.城市轨道交通换乘站方案设计与评价的研究[D].上海:同济大学,2004.

[103] 唐凤娇.基于行人运动行为仿真的重庆轻轨地下车站应急疏散措施

研究[D].重庆:重庆交通大学,2016.

[104] 郭玉媛.高峰期客流交叉干扰的分析与对策[J].上海铁道科技,2009(3):129-134.

[105] 雷强.兰州市BRT车站口客流流线交叉问题分析与对策[J].甘肃科学学报,2014,26(2):96-99,138.

[106] 庄异凡.地铁空间典型瓶颈处的行人运动特性和限流措施研究[D].合肥:中国科学技术大学,2018.

[107] 王东.城市轨道交通车站瓶颈口优化研究[J].建筑技术开发,2021,48(7):110-111.